LOCUS

U0003946

LOCUS

LOCUS

LOCUS

from

vision

from 103
蘋果橘子思考術：
隱藏在熱狗大賽、生吞細菌與奈及利亞詐騙信中的驚人智慧
Think Like a Freak:
The Authors of Freakonomics Offer to Retrain Your Brain
作者：李維特 Steven D. Levitt
杜伯納 Stephen J. Dubner
譯者：許恬寧
責任編輯：邱慧菁
校對：呂佳真
封面設計：Xinon Design
法律顧問：董安丹律師、顧慕堯律師
出版者：大塊文化出版股份有限公司
台北市 105022 南京東路四段 25 號 11 樓
www.locuspublishing.com
讀者服務專線：**0800-006689**
TEL：(02) 87123898　FAX：(02) 87123897
郵撥帳號：18955675　戶名：大塊文化出版股份有限公司
版權所有　翻印必究

Think Like A Freak Copyright © 2014 by Steven D. Levitt & Stephen J. Dubner
Complex Chinese translation copyright © 2014 by Locus Publishing Company
This translation published by arrangement with William Morris Endeavor Entertainment, LLC.,
through Andrew Nurnberg Associates International Limited.
All Rights Reserved.

總經銷：大和書報圖書股份有限公司
地址：新北市新莊區五工五路 2 號
TEL：(02) 8990-2588（代表號）　FAX：(02) 2290-1658
製版：瑞豐實業股份有限公司
初版一刷：2014 年 8 月
初版九刷：2021 年 3 月

定價：新台幣 300 元
Printed in Taiwan

蘋果橘子思考術。

隱藏在熱狗大賽、生吞細菌
與奈及利亞詐騙信中的**驚人智慧**

Think Like a Freak

The Authors of **Freakonomics**
Offer to Retrain Your Brain

《蘋果橘子經濟學》作者
李維特 Steven D. Levitt
杜伯納 Stephen J. Dubner

許恬寧——譯

獻給艾倫（Ellen），
妳一路上永遠支持著我，
每本書都要歸功給妳。
——杜伯納

獻給我的姊姊琳達・李維特・詹恩思（Linda Levitt Jines），
她的創意天分真是令人驚奇，
妙趣橫生，她啟發了我。
——李維特

相信小思考的力量。
解決問題已經夠難，如果你事先決定自己做不到，只會雪上加霜。

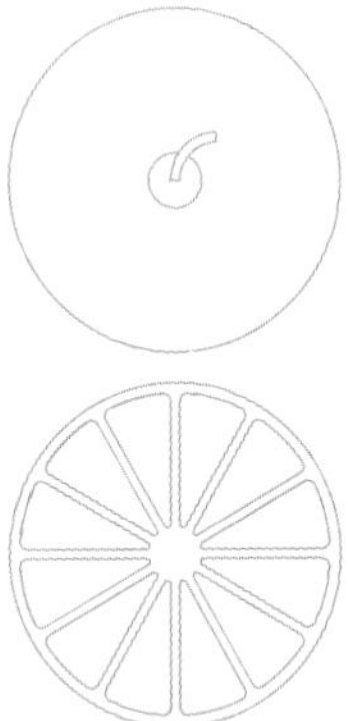

目錄

導讀

作者出書的速度，居然快到讓寫導讀的人沒梗可鋪？

林明仁

四年前，我爲《超爆蘋果橘子經濟學》所寫的導讀，篇名就叫做〈他竟然這麼快就回來了！〉內文提到：「幾年之後，第三部（就會出版）……。」大部分的讀者可能都覺得這只是場面話罷了，但當時的我，心中其實是充滿擔心與矛盾的。

擔心的是，如果他們就此停筆，那這個世界上不但又少了一個能同時滿足挖掘眞相與嘲諷僞君子雙重願望的人，搞不好還順道落了不喜歡李維特才氣者所言的「果然這麼快就江郎才盡！」的口實。矛盾的是，如果他和杜伯納這麼快又寫出一本書，那早已抖盡所有包袱的我，恐怕會面臨無梗可用的窘境！不過，身爲一個「蘋果橘子」門徒，既然一語成讖，只好再努力導讀一番囉！

李維特和杜伯納的前兩本作品《蘋果橘子經濟學》與《超爆蘋果橘子經濟學》，主要是以李維特與其他新銳學者的學術研究成果爲主。而貫穿這些研究的中心思想，可歸納爲「理解誘因結構的影響」與「如何以統計方法區分虛假相關與因果」兩個面向。當時書中介紹的學者，這幾年也都大放異彩，更凸顯了李維特的慧眼獨具——或者，這也是同時性的「虛假相關」？

舉例來說，約翰．李斯特（John List）已是芝加哥大學經濟系系主任、田野現場實驗（field experiment）的開山祖師，而且絕對是十五年後諾貝爾經濟學獎的熱門候選人。研究電視對女性地位影響的艾蜜莉．奧斯特（Emily Oster），她的文章也激起許多後續研究。我自己與台大幾位學生的研究就發現，電視的普及的確和印度女性「較不容易遭受家暴」、「較能掌控家中財務」有強烈的正相關。

來自義大利的伊蓮娜．費拉拉（Eliana La Ferrara）教授也發現，巴西肥皂劇的播出，居然也有讓女性生育數目下降的效果！而李維特在前一本書中所提到的，哥倫比亞大學道格拉斯．阿蒙德（Douglas Almond）教授有關一九一八年流感長期影響的研究，現在也變成了「胚胎起源假說」（fetal origin hypothesis）這個文獻的經典之作。我和其他幾位共同作者的研究，也發現在台灣胚胎時期遭受流感或瘧疾侵襲的人，日後不管在健康或教育程度上，都顯著低於前後期出生的人。

最後，當時李維特所介紹的芝加哥大學商學院馬修．根茨科（Matthew Gentzkow）與傑西．夏皮洛（Jessie Sharpiro）兩人，對於媒體與閱聽大衆互動的多項研究，這幾年也早已成爲研究媒體影響的必讀論文，更開創了「媒體經濟學」（Media Economics）這個領域！其中偏頗的媒體立場，可能並非用來影響閱聽人，而單純只是迎合大眾口味的結論，更是大家沒有預料到的。

台大經濟系江淳芳副教授與博士生施琇涵，用這個概念來研究台灣的有線電視新聞市場時，也發現當特殊政治事件發生，泛藍與泛綠民眾會比平時更常收看與自己意識型態相近的電視台！而根茨科教授今年更獲得了克拉克獎的殊榮，李維特提攜後進的精準眼光，可見一斑。

那這第三本書的寫作動機是什麼？

其實，在李維特成名之後，許多人都問：「他是怎麼找到這麼多有趣的問題，與聰明解決因果關係的方法？」每年，他在芝大經濟系博士班所開設的「如何做實證經濟學研究」（How to do Empirical Research）課程，也總是吸引爆滿的學生——我就是其中之一。彷彿大家都相信，只要如沐春風十週，自然任督二脈貫通，現實世界信手拈來皆是經濟學題目。然而，現實是能得其眞傳者鳳毛麟角，這可從自他手下畢業的博士生人數不多看出來。

最近，李維特也與諾貝爾經濟學獎得主蓋瑞・貝克（Gary Becker）、丹尼爾・康納曼（Daniel Kahneman），以及芝加哥大學的約翰・李斯特、查德・西維爾森（Chad Syverson）和哈佛大學的羅蘭・佛萊爾（Roland Fryer），共同創立了一家名爲TGG（The Greatest Good）的顧問諮詢公司。TGG在芝加哥、紐約、倫敦都有設點，標榜使用「行爲科學與田野實驗」的方式，來替顧客解決商業上的難題。而他們最主要的工作，就是分辨什麼推論的確是因果，哪些又只是相關？

讀者或許很難相信，在他們諮詢過的許多知名大企業中，白花幾億美金卻毫無功效的荒謬商業決定比比皆是，其中許多都是應用簡單經濟學原理，就可以發現的錯誤決策！兩位作者在這本書裡，也舉了一些例子，就留給各位去發掘。這也難怪李維特會覺得自己每小時七百美金的諮詢費，一點也不高！

應該也就是這些來自學生與商界的反饋，讓李維特恍然大悟：「原來，以正確的方法思考，並非對每個人來說，都是如此自然啊！」那麼，或許仔細把心法寫下來，應該會對大家有所幫助？至於書名呢？嗯，既然我們以怪咖自稱，那原文書名就叫「像怪咖般思考」（*Think Like a Freak*）囉！反正，之前的書名那麼怪都大賣了，應該跟銷量沒因果關係吧？

那麼，本書的內容到底在講什麼？我們現在就開始吧！有個從沒見過的問題需要解決，你該怎麼辦？首先，承認自己什麼都不知道（咦？），接著要像孩子般思考（啥！），不是要站在巨人的肩膀上，先上窮碧落下黃泉地尋找所有文獻與已知的解決方法？因爲太多前人的智慧，反而會讓你無法跳出窠臼，重新定義問題。不過，如果你只能參考一句先人智慧，那當然是「人們會對誘因結構做出反應」囉！

除了介紹較爲抽象的思考心法外，本書也依循前例，介紹了許多最近的經濟學研究。與兩本前著著重於大樣本數個體資料的分析結果相較，本書花了較多篇幅討論跨國或地區的資料分析結果。相較於個體資料，跨國資料通常樣本點較少、蒐集不易、容易碰上殘缺不全的歷史資料，而且也很難應用複雜的計量方法。但好處是，可以回答在政治、經濟、社會發展上，因果關係可能橫跨數百年的重要大哉問！

舉例來說，內文提及，西北大學的史班庫教授發現，德國新教地區的人賺得比舊教多，而唯一可以解釋的因素是宗教本身。不過，數年前有兩位德國學者薩沙・歐・貝克（Sascha O Becker）與盧德格爾・烏斯曼（Ludger Woessmann）發現，若以居住地與馬丁・路德（Martin Luther）發表〈九十五條論綱〉所在地的距離做爲工具變數的話，那新教徒所得較舊教徒爲高，其實都是因爲新教徒教育水準高的關係。以歷史資料與計量方法對「新教倫理與資本主義精神」這類假說進行檢驗，正是現今經濟學研究的最新潮流。

另外，內文也介紹了哈佛大學經濟系羅蘭・佛萊爾教授，對非裔美國人爲何較白人容易得心臟病的原因，做了分析與解釋。因爲當初飄洋過海的黑奴，若對鹽的耐受性較好，就比較不容易在長途旅程中脫水死亡。但是，這個當初的人擇特性，現在卻成了詛咒！那麼，佛萊爾是如何突發奇想，形成這個瘋狂的假說？原來，是因爲在偶然間，看到一本奴隸貿易書中，有個人口販子正在舔一個西非奴隸的臉，以確定他是否能夠平安撐過艱苦航程！

其實，這張插圖也是人們會對誘因結構做出反應的最好例證。要不是有利可圖，誰會幹舔別人臭臉這種噁心的事？最後，瑪莉莎・戴爾（Melissa Dell）以迴歸不連續法（Regression Discontinuity），發現西班牙在祕魯境內強迫勞動制度（mita）邊界兩邊，一直到現在生活條件還是有顯著的不同，這也是書中所提的例子。跨國長期歷史研究，在這十五年來方興未艾，有興趣的讀者，可參考這個領域開山祖師戴倫・艾塞默魯（Daron Acemoglu）和詹姆斯・羅賓森（James A. Robinson）的《國家爲什麼會失敗》一書。

原來，經濟學可以這麼有趣！

本書花了許多篇幅討論田野實驗的應用，這也是過去二十年來，經濟學界的一大突破。過去，社會科學家常用的統計方法，由於使用的都是人們選擇過後所呈現出來的結果，所以都會面臨內生性問題的挑戰，而選擇性偏誤便是其中之一。理論上，在醫學研究中所使用的隨機實驗法是唯一的解方。只是要對人們做隨機分配，無論在倫理與執行上，都是一大挑戰。

幸好，李斯特教授在過去二十年來，已經將田野隨機實驗的應用與執行，展示到爐火純青的境界，讓我們可以用更有趣、更精確的方法來確認因果關係。李維特與李斯特兩人的顧問諮詢公司，也採取在顧客公司裡做實驗的方式，以找出眞正的問題。

除了在商業與學術界的研究外，政策效果的估計，也是這個方法的重要應用之處。舉例來說，本書第三章就提到李斯特與李維特兩人，對芝加哥高中生所進行的大規模田野實驗。他們的問題是，從學生、家長到老師的誘因結構改變（當然是隨機分派），究竟會對學生的表現造成什麼影響？這恐怕是史上第一次以科學方法，來研究不同教育方法的影響效果。而這項計劃所需的一千萬美金的經費來源，則是來自華爾街避險基金大亨的慷慨捐贈——是的！有些事沒有夠力的那一%，是不可能做到的。

除了教育政策外，世界銀行（World Bank）也使用這個方法，對印度與非洲的發展計劃進行政策評估。個中翹楚當數創辦阿卜杜勒・拉蒂夫・賈米爾貧困行動實驗室（Abdul Latif Jameel Poverty Action Lab），也是目前任教於麻省理工學院經濟系的艾絲特・杜芙若（Esther Duflo）與阿比吉特・班納吉（Abhijit Banerjee）。兩位學者合著的《貧窮經濟學》（*Poor Economics*），可說是這個領域的聖經，有興趣的讀者可以參考。

最後，讓我以一個我現在正與李維特合作的研究，做爲這篇導讀的總結。

有位在世界頂尖大學任教的朋友（恕我無法透露校名），發現他的學生考試作弊。首先，他進行道德勸說，希望學生自首，結果當然是沒人理他。於是，他又寄出第二封Email，說道：「我認識《蘋果橘子經濟學》作者李維特……的學生，這些人很會抓作弊，你們最好坦白從寬！」結果還是沒人理。

求助無門的他，只好將資料去除個人隱私後，請我幫忙。我用了《蘋果橘子經濟學》第一章提到的，抓芝加哥小學老師作弊的方法（當然，老師和學生的誘因結構大不相同），幫他在兩百多個學生中，找出七組作弊的學生。其中，有四組一叫來問就馬上認罪！現在，我與李維特正在將這些方法做更嚴謹的整理，希望在不久的將來，可以協助老師們更輕易抓出作弊的學生。

誰說經濟學不有趣，而且與現實世界無關？

（本文作者為台大經濟系教授，芝加哥大學經濟學博士，本書作者李維特為其指導教授）

1 什麼是「蘋果橘子思考術」?

我們倆合寫《蘋果橘子經濟學》（*Freakonomics*）與《超爆蘋果橘子經濟學》（*SuperFreakonomics*）兩本書之後，讀者開始問我們各式各樣的問題，像是「上大學是否依舊『值得』？」——長話短說的答案是「是的」；長一點的答案「也是是的」。「把家族事業交給下一代是件好事嗎？」——當然是，如果你的目標是毀掉那間企業的話；數據顯示，一般來說，最好引進外頭的管理者*。「很多人得到『腕隧道症候群』（carpal tunnel syndrome），也就是俗稱的『滑鼠手』，然後呢？」——記者如果不再深入了解就會停止報導，但是這個問題依舊存在，特別是在藍領工人之間。

*日本的家族企業用一項行之有年的做法來解決這個問題：在家族以外找到新任執行長，然後透過法律程序正式收養他們。那就是爲什麼日本近一〇〇%的被收養人都是成年男性。

讀者問的某些問題，還挺「存在主義」的：「什麼令人眞正快樂？」「收入不平等眞的很危險嗎？」「富含 omega-3 的飲食，會帶來世界和平嗎？」

大眾想知道每件事的優缺點：無人駕駛的汽車、餵母乳、化療、遺產稅、開採天然氣的水力壓裂法（fracking）、彩券、「有療效」的祈禱、網路交友、專利法改革、犀牛盜獵、高爾夫鐵桿發球、虛擬貨幣……。我們上一分鐘才收到要我們「解決流行性肥胖」的電子郵件；五分鐘後，又會收到催促我們「現在就掃除饑荒！」的請求。

讀者似乎認爲世上沒有過於難解的謎題，也沒有太過艱澀的問題，萬事萬物都能找出辦法解決，就好像我們擁有某種獨門工具。大家可能想像我們有一把「蘋果橘子鑷子」，只要小心探進國家人群之中，就能拔出某些深藏的智慧。

天下有這等好事就好了！

事實上，解決問題並不容易，**如果某個問題目前依舊存在，你可以打賭許多人早已努力過，但還是找不出解決之道**。簡單的問題會消失，困難的問題則會一直存在。除此之外，即使只是好好解決一個小問題，都得花上許多時間追蹤、整理與分析資料。

因此，與其冒著很高的失敗率，試圖回答大家要求我們解決的每個問題，我們兩個開始想，是否比較好的做法，其實是寫一本書教大家如何施展「蘋果橘子思考術」*？

這個點子聽起來如何？

足球罰球時，踢哪個方位最可能進球？

想像一下你是足球員，一位非常優秀的足球員，你帶領國家隊即將奪得世界盃（World Cup）冠軍，只要你現在能夠踢進一顆罰球。機率站在你這邊：頂尖足球員的罰球成功率，大約是七五％。

你把球放在白色罰球線上，觀眾正在吶喊。球門就在十二碼外，那個寬八碼、高八尺的地方。守門員凝視著你。一旦球從你腳下飛出去，將以時速八〇英里前進。以那樣的速度，守門員不能好整以暇待在原地，等著看你從哪個角度進球。他必須猜一個方向，讓自己的身體撲向那裡。如果他猜錯，你成功的機率將提高到九〇％左右。

最好的進球，是球以充足力道被踢進球門角落。如果是那個位置，守門員即使猜對，也無法救下那一球。然而，那樣的進球容許不了多少失誤範圍，只要稍微踢歪一點，球就會完全落不到球門。所以，你可能不想挑壓力那麼大的位置，改而瞄準稍微偏離角落的位置；雖然那樣一來，如果守門員猜對，他攔下球的機率比較高。

此外，你也必須選擇要踢左邊的角落，還是要踢右邊的角落。如果你和大部分的球員一樣慣

＊本書相關研究的出處及其他背景資訊，請見書末的注釋。

用右腳，那麼左邊是你的「強邊」，選擇踢那邊的話，你會更有力、更準確。不過，守門員當然也知道這點，那就是爲什麼五七%的時間，守門員會撲到踢球者的左邊，只有四一%的時間會撲到右邊的原因。

所以，你站在那裡，觀衆聲嘶力竭，你心跳過速，準備踢進改變一生的一球。全世界的目光都放在你的身上，你的國家正在祈禱。如果罰球進了，你的名字將青史流芳。如果你失敗了，嗯，最好還是不要去想那件事。

選項在你的腦海裡打轉——強邊，還是弱邊？要強行踢角落，還是採取安全策略？以前罰球時，你是否碰過這個守門員？如果碰過，之前你瞄準哪裡？他往哪裡撲？你想著這些事的時候，也在想守門員正在想什麼，甚至可能在想守門員在猜你正在想什麼。

你知道成爲英雄的機率，大約是七五%——還滿不錯的比率。但如果可以提高那個數字，不是很好嗎？會不會有更好的方式，可以思考這個問題？要是你可以智取敵手，想出一個超越常規的選項？你知道守門員正在思考「右邊，還是左邊？左邊，還是右邊？」但如果……如果……如果你不踢右邊，也不踢左邊呢？如果你做全世界最愚蠢的事，把球踢向球門正中央？

是的，那就是守門員現在站的地方，但你很確定你大腳一踢，他就會離開那個位置。不要忘了數據是怎麼說的：五七%的時間，守門員會撲到左邊；四一%的時間會撲到右邊。也就是說，在一百次裡，他們只有兩次會待在中間。一個已經跳起來的守門員，當然還是可能守住瞄準中間的球，但那樣的機率有多高？要是知道所有踢向球門中央的罰球進球率就好了！

好吧，我們剛好有那個數據：踢向中間的罰球，雖然實際上就像聽起來那樣冒險，但相較於瞄準球門角落的罰球，成功機率多了七個百分點。

你願意冒這個險嗎？

假設你願意。你小碎步跑向球，左腳立好，右腳預備，球飛了出去。你立刻被震天價響的「進——了——！」聲響包圍。你被蜂擁而上的高興隊友壓住，群衆欣喜若狂，那一刻將永遠流傳。你這輩子剩下的人生，都會是一場歡樂的盛大派對；你的孩子將成爲強壯、成功、仁慈的人。恭喜！

不過，瞄準球門中央的罰球，成功機率遠遠高出許多，卻只有一七％的踢球瞄準那裡。爲什麼這麼少？

一個原因是乍看之下，瞄準中間似乎是很糟糕的點子。直接把球踢向守門員？好像不合常理嘛！明顯有悖常識，但靠著注射病菌讓人們免疫的點子，聽起來也是如此。

此外，罰球者還擁有的一項優勢是「捉摸不定」：守門員不知道他會瞄準哪裡。如果踢球的人每次都做一樣的事，成功率將直線下降；如果他們開始更常瞄準中間，守門員也會跟著改變策略。

踢球者通常不會瞄準中間，特別是像世界盃這種高賭注的球賽。原因除了前述兩點以外，還牽涉到第三個重要的理由；不過，沒有一個心智正常的球員會承認這點：他們害怕丟臉。

再次想像一下，你是那個即將罰球的足球員。在這個最千鈞一髮的時刻，你眞正的行爲誘因是什麼？答案似乎很明顯：你想得分，想替你的隊伍贏得比賽。如果眞是那樣，那麼統計數據明白指出，你應該把球踢向球門正中央。然而，贏得比賽是你最眞實的誘因嗎？

假設你現在站在球的前面，心裡頭剛決定要瞄準中間，但等一下：萬一守門員「沒有」往旁邊撲怎麼辦？萬一爲了某種原因，他待在原地，而你直接把球踢到他的肚子上，他連動都不用動，就救了他的國家！你看起來會有多可悲？這下好了，換成守門員變成英雄，你則必須全家搬到國外，以免被暗殺。

所以，你重新考慮了一下。

你想：還是採取傳統策略好了！還是踢角落吧。如果守門員猜對了、攔下球，嗯，雖然你還有「更勇敢」的做法，但踢角落已經是很英勇的努力。不，你不會成爲英雄，但也不用逃到國外。

如果你遵從這個自私的誘因，爲了保護自己的名聲，不做可能會變成蠢事的舉動，你比較可能選擇踢角落。如果你遵從爲全體利益考量的誘因，也就是試著替國家贏得這場比賽，雖然得冒著讓自己看起來很愚蠢的風險，你會選擇踢往球門中間。

有時，選擇正中央，是人生最勇敢的舉動。

歡迎進入怪咖世界!

在某些私益對抗公益的情境當中，當我們被問及會怎麼做的時候，大部分的人都不會承認想選擇對自己有好處的做法。然而，**歷史清楚顯示，無論是天性或後天養成，大部分的人一般會將私益置於他人利益之前。那並不會使他們淪爲壞人，只顯示出他們是人。**

然而，如果你的志向不只是個人的小成就——這種自私自利的事，眞是令人感覺沮喪。也許你想遏止貧窮，或者你想讓政府運作得更好，可能你想說服公司不要製造那麼多污染，也可能你只是想叫孩子們不要再打架了。如果每個人的優先要務，都是爲自己著想，要如何讓每個人都朝著同一方向努力？

我們寫這本書的目的，就是要解決那樣的問題。我們發現，近年來出現一種看法：大家覺得解決特定問題時，有「正確」的思考方式，也有「錯誤」的思考方式。不可避免，這導致了許多爭論與叫囂，並且可悲地留下許多解決不了的問題。這種情況有可能改善嗎？我們希望可以。

我們希望終結所謂「世界上有『正確』與『錯誤』的方式，有『聰明』與『愚蠢』的方式，有『A派』與『B派』的方式」。現代世界要求我們以更具生產力、更有創意、更理性的方式思考，我們得從不同角度、不同施力點、不同期待來看世界。我們不能帶著恐懼，也不能帶著偏好來思考事情。我們不能盲目樂觀，也不能整天抱持著懷疑的態度。我們得——清喉嚨——運用「蘋果橘子思考術」。

我們的前兩本書，主要是依據一套簡單的概念：

- **誘因是現代生活的基石**。了解誘因（通常是破解它們），是了解問題、找出解決之道的關鍵。
- **知道該測量什麼、該如何測量，可以讓複雜的世界大爲簡化**。數字是強大的東西，可以剝去層層困惑與矛盾，尤其是會讓人情緒化、高度敏感的主題。
- **傳統看法往往是錯誤的**。不假思索便接受傳統看法，可能導致馬虎、浪費，甚至是危險的結果。
- **「相關」不等同「因果關係」**。當兩件事並行時，我們很容易假設A導致B，例如證據顯示已婚人士比單身者快樂，這表示婚姻使人快樂嗎？不一定。數據顯示，快樂的人原本就比較可能結婚，如同一位研究人員令人印象深刻的解釋：「如果你每天心情都很差，到底有誰想跟你結婚？」

本書也依據這套基本的概念，不過有一點不同。我們前兩本書很少建議方向，主要是利用數據，告訴大家我們覺得很有趣的故事，讓這個通常帶了些許陰暗的社會照進一點陽光。這本書則要跨出陰影，試圖提供一些或許偶爾會有用的建議——無論你是對生活小智慧有興趣，或是關心重大的全球改革。

然而，要澄清一下，這不是一本傳統定義的自助書。老實說，我們大概不是你一般會想求助的對象，而且我們有的建議通常使人陷入麻煩，不是解決麻煩。

我們的思考方式，源自所謂的經濟學方式；不過，那並不代表我們專注於「經濟」，差遠了！經濟學的方式比那更廣，也更簡單。理解這個世界如何運轉、認識誘因如何導致成敗、了解資源如何分配、明白什麼障礙使人無法取得資源，無論是具體資源（如食物與交通），或是較為理念式的資源（如教育與愛），經濟學的方式倚賴數據，而非直覺或意識型態。

這樣的思考方式，沒什麼神奇之處，通常顯而易見，高度重視常識。所以，壞消息來了！如果你被這本書吸引，希望找到透露獨門絕技的魔術師，不好意思，你大概會大失所望。不過，也是有好消息的！運用「蘋果橘子思考術」是件很簡單的事，每個人都做得到。只是令人不解的是，為什麼這麼少人這麼做？

為什麼會那樣？

一個理由是，我們很容易讓自己的偏見，如政黨偏見、自以為聰明的偏見等，扭曲了我們看世界的方式。有愈來愈多的研究顯示，即使是最聰明的人，也會尋求證據證實他們原本的看法，而不是尋求讓他們更了解眞相的新資訊。

此外，從眾也是一件很誘人的事。即便是今日最重要的議題，我們也通常會採取朋友、家人、同事的看法——第六章將進一步討論這件事。從某方面來說，這很合乎邏輯：和親朋好友站在同一陣線，會比找到新家人和新朋友容易！然而，從眾的結果，就是我們很容易擁抱現況，改變看法的速度不夠快，樂意把思考的工作交給別人。

另外，大多數人太忙，忙到無法重新思考他們的思考方式，甚至根本不會花太多時間思考。上次你坐下來好好思考一個小時、完全不做其他事，是什麼時候？如果你和多數人一樣，那大概有好一陣子。難道說，我們的高速年代就是這樣？大概不是。天才洋溢的蕭伯納（George Bernard Shaw）是世界級作家，也是倫敦政治經濟學院（London School of Economics and Political Science）的共同創辦人。非常多年以前，他就注意到人們思慮不足的情況，據說他曾經說過：「很少人一年思考超過兩、三次，我則靠著一週思考一、兩次而享譽國際。」有鑑於此，我們倆也試著一週思考一、兩次——當然我們沒蕭伯納那麼聰明，我們鼓勵大家也這麼做。

這並不是說，你自然就會想要運用「蘋果橘子思考術」，因爲它可能會有一些潛在缺點。比方說，你可能發現自己離潮流離得非常遠，有時還可能說出令旁人坐立難安的話。也許，你碰到一對帶著三個孩子的認眞、親切夫妻，然後脫口說出車上的兒童安全座椅，不但浪費時間又浪費錢——至少撞擊測試的數據是這麼說的。也或者，你和新女友的家人共進佳節晚餐時，你會在那邊胡說八道什麼，支持在地食材運動其實可能破壞環境等，然後發現對方的父親是死忠的在地食材運動支持者，桌上每樣東西都來自方圓五十英里內——唉呀！

你將必須習慣人們叫你怪咖，或是準備好面對別人氣急敗壞，甚至起身離開的場面。關於這些，我們倆都有第一手經驗。

與英倫首相的短暫會晤

在我們的前著《超爆蘋果橘子經濟學》出版後不久，我們前往英國宣傳，受邀和當時即將成爲英國首相的大衛．卡麥隆（David Cameron）會面。

雖然他那樣的人士，尋求我們這種人的意見，並非什麼不尋常的事，但那次邀請嚇了我們一跳。因爲在《超爆蘋果橘子經濟學》的開場白，我們已經開誠布公表示，自己對總體經濟因子知之甚微，像是通貨膨脹、失業率等，也就是政治人物試著左右調整、硬是想控制的東西。

此外，政治人物通常迴避爭議，而我們的書已經在英國引發不少波瀾。我們因爲其中一章的內容，在全國性電視被拷問過。那一章描述我們與一間英國銀行合作，運用演算法找出可能的恐怖分子。電視主持人問我們，我們到底爲什麼要揭曉祕訣，幫助恐怖分子避開偵查？我們在現場無法回答那個問題，但本書的第七章將有解答。提示：那次揭露不是一場意外。

我們也因爲提出打擊全球暖化的標準做法不會有用而飽受抨擊；事實上，卡麥隆派羅翰．席爾瓦（Rohan Silva）到警衛室接我們時，這名銳利的年輕政策顧問告訴我們，他家附近的書店拒售《超爆蘋果橘子經濟學》，因爲老闆太討厭我們全球暖化那一章。

席爾瓦帶我們到會議室，那裡大約等著兩打卡麥隆的顧問。他們的老闆尚未抵達，大部分的人是二十、三十多歲的年紀，其中一位紳士（過去及未來的內閣大臣）的年齡，比其他人大上許多。這位資深紳士代表發言，告訴我們卡麥隆政府上台後，將竭盡所能打擊全球暖化。他說，要是由他決定，英國人將一夕之間成爲零碳社會。他表示：「這是最高的道德義務。」

這讓我們豎起耳朵，因爲我們學到的一件事是，當人們（尤其是政治人物）開始依據道德羅盤的讀數做決定，第一個被犧牲的通常是事實。我們問大臣，他說的「道德義務」是什麼意思？

他解釋：「要不是英國，這個世界不會是現在這個樣子，『這一切』都不會發生。」他的手不停揮舞，他說的「這一切」，指的是這間會議室、這棟建築、倫敦市，以及所有文明。

我們想必看來一頭霧水，因爲他繼續解釋。他說，英國開啓了工業革命，帶著世界其他地方走向污染、環境惡化與全球暖化的道路，所以帶頭解決這個傷害，也是英國的責任。

就在此時，卡麥隆先生闖了進來。「好了，」他以宏亮的聲音說道：「聰明人士在哪？」他穿著乾淨俐落的白襯衫、繫著招牌紫領帶，身上散發一股源源不絕的樂觀氣息。我們聊天時，他被預測爲下任首相的原因頓時豁然開朗。他渾身散發著幹練與自信，看來就像伊頓公學（Eton College）和牛津大學（University of Oxford）學監第一次見到新生時，心中想像男孩長大後將成爲的那種人。

卡麥隆表示，當上首相後，他將接手的最大問題，就是病入膏肓的經濟。英國及全球其他地方，依舊處於嚴重經濟衰退的魔掌之中。無論是領退休金的人，或是學生、產業龍頭，大家都悶悶不樂。英國國債數目龐大，而且依舊在上升。卡麥隆告訴我們，他上任後必須大幅刪減預算。

然而他又說，有幾項珍貴、不能割捨的權益，他將不惜一切代價保護。像是什麼？我們問。

「嗯，健保。」他的眼睛閃爍著驕傲光芒。那很合理，英國國家健康服務（National Health Service, NHS）提供每位英國人從出生到死亡的健康照護，大多可免費使用。在同類型的照護體系中，英國擁有全球歷史最悠久、規模最大的健保，那是這個國家文化的一部分，就像足球還有英國人最愛吃的乾果布丁（spotted dick）一樣。一位前財政大臣，稱健保爲「英國最接近宗教的東西」。這句話耐人尋味，因爲英國的確有眞正的宗教。

只有一個問題：英國的健康照護成本，在過去十年增加一倍以上，而且預期還會繼續攀升。

雖然我們在當下並不知情，但卡麥隆如此投入英國健保，其實是因爲切身經歷。他的長子伊凡（Ivan Cameron）出生時，即罹患罕見的神經性失調「大田原綜合症」（Ohtahara syndrome），特徵是不斷地劇烈癲癇。卡麥隆一家人因此非常熟悉健保體系的護士、醫生、救護車與醫院。他曾在保守黨的年會上說過：「當你的家人一刻都離不開健保，日復一日，夜復一夜，你眞的會知道那有多珍貴。」伊凡在二〇〇九年初告別人世，距離他七歲生日還有幾個月。

所以，即使卡麥隆是擁抱財政撙節措施的政黨領袖，也認爲英國國家健康服務神聖不可侵犯，就不令人訝異了。即使身處經濟危機，要是敢動這個體系，在政治上來說，就好像一腳把女王的柯基犬當球給踢出去一樣。

不過，那並不代表「實務上」可行。自由、不受限、終生的健康照護，是值得歌頌的目標，但其中牽涉的經濟問題十分棘手。我們以最大的敬意，向當時即將成為英國首相的卡麥隆先生指出這點。

由於健保牽涉太多情緒議題，人們基本上很難用看待其他經濟層面的方式，來同等看待健保問題。然而，依據英國這類醫療照護體系的設定，健保實際上可說是整個經濟體制中，唯一一部分每個人都可以取得自己所需的幾乎任何服務，而且幾乎不必付錢——無論實際的治療成本是一百美元，還是十萬美元。問題在哪？**當人們不必支付某事物的真正成本時，通常會用無效率的方式來使用那樣東西。**

回想一下，你上次坐在吃到飽餐廳，吃得比平常多的機率是多少？當健康照護的資源用類似方式分配時，就會發生同樣的事：相較於單盤計價，大家通常會多吃一點。這表示「沒病找大夫」（worried-well）的大眾，排擠了真正生病的人，導致每個人的候診時間都拉長。此外，有很高的成本比率，都花費在年長病患生命的最後幾個月，通常實質醫療效益不大。

如果健康照護只占經濟的一小部分，這類過度消耗還能被輕易容忍。然而，健康照護成本占了英國GDP近一〇%，幾乎是美國的兩倍，在這樣的情況下，必須認真重新思考健康照護的提供方式，以及人們要支付的錢。

當時，我們試著利用思考實驗來申明重點。我們建議卡麥隆先生思考不同領域的類似政策，比方說，如果每個英國人都可以免費、無限次、終生得到交通供給？也就是說，要是每個人都可以隨時跑到車商那兒，挑選任何最新車款，然後免費把車子開回家，那會發生什麼事？

我們期待卡麥隆先生會靈光一閃，然後說：「嗯，沒錯，那太荒謬了！這樣就沒有必要留著舊車，每個人的誘因都會被扭曲。我懂你們說的，我們正在發放免費的健康照護！」

但他沒有說這些話，一語不發，臉上依舊保持著笑容，但眼裡不再有笑意。或許，我們的故事沒有發揮我們想要的效用；也或者有，而那正是問題所在。無論究竟有沒有，卡麥隆很快跟我們握了一下手，匆匆走開，去和沒那麼荒謬的別組人馬見面。

你無法怪他。要處理失控的健康照護成本這麼巨大的問題，比思考如何處理罰球等問題困難千百倍——那就是我們爲什麼在第五章提到，你應該盡量專注在小問題上。此外，要是我們當時已經和現在一樣，知道如何說服不想被說服的人，我們會提出更有力的建言——第八章將討論這個主題。

儘管如此，我們熱情相信重新訓練腦袋思考大大小小的問題，將會帶來莫大好處。我們將在本書分享過去幾年學到的事，其中一些帶來的結果，好過我們與元首的短暫相會。

你願意嘗試嗎？太好了！第一步就是，不要爲了你還有多少不知道的事而感到尷尬⋯⋯。

2 最難說出口的三個字

想像一下，你被要求聽一則簡單的故事，接著得回答幾個小問題。故事如下：

有個小女孩名叫瑪麗，她和媽媽、哥哥去沙灘玩，他們開一輛紅色的車。他們在海邊游泳、吃了一點冰淇淋、玩沙，午餐吃三明治。

問題如下：

1. 車子是什麼顏色？
2. 他們午餐是吃魚和薯條嗎？
3. 他們在車上有沒有聽音樂？
4. 他們吃午餐時有沒有喝檸檬汁？

結束了。你答對幾題？比較一下你和英國一群五歲至九歲學童的答案。學術研究人員做這項測驗時，幾乎所有孩子都答對前兩題（「紅色」和「不是」），但第三題和第四題則答得很差。爲什麼會這樣？因爲那是無法回答的問題，故事並沒有提供充分資訊，然而卻有高達七六％的孩子，依舊回答了「有」或「沒有」。

試圖矇混這種簡單測驗的孩子，很適合當生意人和政治人物。這兩種職業的人，幾乎沒人會承認自己並非無所不知。**自古以來，人們都說最難開口的三個字是「我愛你」，我們眞的不這麼覺得！對大部分的人來說，說「不知道」**難上許多。太可惜了，因爲除非你承認自己還不知道，否則幾乎不可能學會必須知道的事。

在我們往下討論爲什麼人們假裝自己知道的原因之前（以及背後的成本與解決之道），先來定義我們談論自己「知道」一件事時，是什麼意思。

你眞的知道你以爲你知道的事嗎？

不用說，知識當然分很多層級與類別。最高層級可稱爲「已知事實」（known fact），也就是可以用科學驗證的事。如同美國政治家丹尼爾·帕特里克·莫伊尼漢（Daniel Patrick Moynihan）一句很出名的話：「每個人都有權擁有自己的觀點，但不是每個人都有權把自己想的當成事實。」如果你堅持水的化學式是「HO_2」而不是「H_2O」，你最終會被證明你錯了。

除了「已知事實」外，再下來有些東西是「信念」（beliefs），也就是我們覺得是眞的，但可能不容易驗證的事。這類主題有更多的爭論空間，例如：魔鬼眞的存在嗎？

一項全球調查問了這個問題，在被調查的國家中，民眾最相信有魔鬼的五個國家如下：

1. 南歐島國馬爾他（八四．五％）
2. 北愛爾蘭（七五．六％）
3. 美國（六九．一％）
4. 愛爾蘭（五五．三％）
5. 加拿大（四二．九％）

民眾最不信有魔鬼的五個國家如下：

1. 拉脫維亞（九．一％）
2. 保加利亞（九．六％）
3. 丹麥（一〇．四％）
4. 瑞典（一二．〇％）
5. 捷克共和國（一二．八％）

這麼簡單的一個問題，怎麼會有如此分歧的答案？最相信的馬爾他和最不相信的拉脫維亞，這兩個分居第一的國家，其中一定有一個不知道他們以爲自己知道的事。

好吧！或許，「魔鬼究竟存不存在」這種事太超自然，算不上事實不事實。那麼，我們來看另一種問題，那種有點介於信念與事實之間的東西：

> 根據新聞報導，一群阿拉伯人在九一一那天攻擊美國。你相信這是眞的嗎？是或不是？

對我們大多數人而言，這個問題根本太荒謬：「當然」是眞的！但要是你問主要人口爲穆斯林的國家，這個問題會有不同答案。只有二〇%的印尼人認爲，阿拉伯人發動九一一攻擊，至於科威特人是一一%，巴基斯坦人是四%。當被問到誰「應該」負責時，受訪者一般怪罪到以色列、美國政府或「非穆斯林」恐怖分子頭上。

好了，所以說，政治或宗教觀點可以形塑我們「知道」的事。此外，這個世界也充滿美國經濟學家艾德華・格雷瑟（Edward Glaeser）口中的「錯誤發起人」（entrepreneurs of error）：政治、宗教與商業領袖「會提供信念，如果那種信念會增加個人財務或政治報酬的話。」這個問題本身就已經是很大的問題，但我們又經常不懂裝懂，害得賭注變得更高。

想想政治人物與企業領袖每天都要面對的困難議題：遏止掃射式大屠殺的最佳方式是什麼？

用水力壓裂法開採天然氣，所獲得的好處是否比得上付出的環境代價？如果坐視痛恨我們的中東獨裁者繼續掌權，將會發生什麼事？

像這樣的問題，並沒有辦法光靠蒐集大量事實回答，必須運用判斷力、直覺，還有一點猜想，才會知道事情最終將如何發展。此外，這種問題牽涉到多面向的因果關係，「因」和「果」之間不只離得很遠，更是牽一髮而動全身。像這樣複雜的議題，要確認哪個「因」造成哪個特定的「果」，可能難到令人覺得不可思議。

舉例來說，禁止民眾持有攻擊性武器，眞的減少犯罪了嗎？也或者，還有另外十個因素可能產生影響？至於經濟之所以停滯不前，是因爲稅率太高？還是眞正的罪魁禍首，是中國製鋪天蓋地而來的出口品或油價狂飆？

換句話說，我們可能很難眞正「知道」是什麼造成某個問題，又是什麼解決了那個問題，而且這還是已經發生過的事。所以，要預測未來，也就可想而知是多麼困難。丹麥物理學家尼爾斯·波耳（Niels Bohr）很喜歡說一句話：「**預測是非常困難的一件事，尤其是預測未來**。」

然而，我們總是聽到專家告訴我們，他們相當清楚未來將如何發展。而且，不只是政治人物與企業領袖如此，體育權威、股市大師也不遑多讓，還有氣象專家當然也是。這些人眞的知道自己在說什麼嗎？還是他們就像那些英國學童一樣，只是在虛張聲勢？

專家與黑猩猩之間的差異

近年來，學者開始系統性追蹤各種專家預測，其中最令人印象深刻的，是菲力浦・泰洛克（Philip Tetlock）的研究。泰洛克是賓州大學（University of Pennsylvania）心理系教授，他的學術焦點是政治議題。泰洛克找來近三百位專家，包括政府官員、政治科學學者、國安專家與經濟學家，請他們針對他過去二十年來所做的紀錄做出各種預測。例如：民主政體X——假設巴西好了——目前的多數黨在下次選舉後，將維持、失去還是增強目前的勢力？或者，某個非民主國家Y——例如敘利亞——政權的基本特色，在五年後會改變嗎？十年後呢？如果會，可能朝什麼方向改變？

泰洛克的研究結果發人深省，他表示這些專家中的專家，其中九六%接受過研究所訓練：「以爲他們知道的比他們實際知道的多。」這些人的預測有多精準？如同泰洛克時常開的玩笑：比「丟飛鏢的黑猩猩」好不了多少。

泰洛克說：「喔，那個猴子丟飛鏢的比喻，一直陰魂不散。如果說到相對表現，比方說用柏克萊大學的學生當基準組來比較，這些專家在某種程度上的確表現較佳。然而，他們做得比外推演算法（extrapolation algorithm）好嗎？不，沒有。」泰洛克的「外推演算法」，只是一台設定好預測「目前狀況無變化」的電腦。如果你仔細想一想，那是電腦在說「我不知道」的方式。

CXO顧問集團（CXO Advisory Group）做過類似研究，分析股市專家數年間超過六千項的預測，結果發現，整體準確率為四七．四%。再一次，丟飛鏢的黑猩猩，大概也能做到這種程度。然後你想想投資手續費，就會發現請黑猩猩便宜很多。

泰洛克被問到，預測特別不準確的人有什麼特質？他只需要一個形容詞就能回答：「武斷」，也就是即使不知道，也堅信自己知道某件事為真。泰洛克與其他學者追蹤著名大師，發現這樣的人容易「嚴重過度自信」——以泰洛克的話來說，即便他們的預測被證實錯得一塌糊塗。「自以為是」加上「錯誤」是致命組合，特別是如果存在一個更謹慎的選項，那就是簡單承認：未來比我們所想的還要不可知。

不幸的是，人們很少採取這種做法。聰明人喜歡做聽起來聰明的預測，無論那些預測最終錯得多離譜。《紅鯡魚》（*Red Herring*）雜誌一九九八年刊登的一篇文章〈為什麼經濟學家的預測大多錯誤〉（"Why Most Economists' Predictions Are Wrong"），完美解釋了這種現象。該文作者保羅．克魯曼（Paul Krugman）本身也是經濟學家，後來還得到諾貝爾獎*。

* 諾貝爾經濟學獎最早於一九六九年頒獎，但它不是原先諾貝爾遺囑提到的獎勵領域，因此也不是正式的諾貝爾獎。諾貝爾獎自一九〇六年起，頒發物理學、化學、生理學或醫學、文學，以及和平獎項。經濟學獎項的官方名稱是「瑞典中央銀行紀念阿爾弗雷德．諾貝爾經濟學獎」（Sveriges Riksbank Prize in Economic Sciences in Memory of Alfred Nobel）。人們依舊在爭論經濟學獎是否應該被稱為「諾貝爾獎」。雖然我們支持反對此用法的歷史學者與語義學家，但我們也覺得採用已被接受的說法無傷大雅。

克魯曼指出，太多經濟學家的預測之所以失靈，是因爲他們高估未來科技的影響。接著，他自己也做了幾項預測，其中一項是：「網路成長將劇烈減緩，『梅特卡夫定律』（Metcalfe's law）的缺陷將顯現出來——該定律說網路的效用性與使用者數目的平方成正比。大多數人沒有話要對彼此說！到了二〇〇五年左右，情況就會變得明朗，網路對於經濟的影響力，不會比傳真機大。」

在本書的寫作期間，光是谷歌（Google）、亞馬遜（Amazon）、臉書（Facebook）的市值就超過七千億美元，這個數字超過全球前十八名以外國家的ＧＤＰ。如果你把蘋果（Apple）的市值也加進來算——雖然蘋果不是網路公司，但沒有網路無法如此存在，這幾家公司的總市值達一．二兆美元，那可以買很多傳真機。

或許，我們需要更多像托瑪斯．薩金特（Thomas Sargent）那樣的經濟學家，他因爲研究總體經濟學的因果，也曾經得過諾貝爾獎。薩金特可能忘了超過我們一輩子所能知道的通膨及利率知識，幾年前美國同盟銀行（Ally Bank）想拍攝一支電視廣告，主打「增加你的利率」的定存，由薩金特擔綱演出。

廣告場景是一座禮堂，氣氛令人聯想到大學俱樂部，有華麗的吊燈、井然有序的書架，以及掛著傑出人士畫像的牆壁。薩金特像帝王般，坐在俱樂部的皮椅裡，等人介紹。主持人發言：

主持人：今晚，我們的貴賓是托瑪斯．薩金特，他是諾貝爾經濟學桂冠得主，也是全世界最常被引述的經濟學家。薩金特教授，您能告訴我們，兩年後的定存利率嗎？

薩金特：不能。

從頭到尾，薩金特的台詞只有這樣。同盟銀行的廣告旁白指出：「如果他不能，沒人能。」所以需要可調整利率的定存。這支廣告深具喜劇效果。爲什麼？因爲薩金特替一個幾乎無法回答的問題，提供了唯一的正確解答，讓人們看到我們有多荒謬，大多數人日復一日都未能這麼做。

「假裝知道」的驚人代價

我們不只假裝自己知道外界的知識，我們甚至也不太了解自己。評估自己的才能，表面上是一件簡單的事，但大部分的人都做得很差。有兩位心理學家最近在學術期刊上寫道：「儘管大家和自己相處的時間比任何人都多，對於自己擁有多少技能與才幹，理解得卻是令人出乎意料地少。」有個經典的例子是，當被要求評估自己的開車能力時，大約八〇%的受訪者都認爲自己優於平均。

不過，假設你對某件事的確特別在行，是該領域眞正的大師，就像薩金特那樣。那就代表你比較可能在不同領域中勝出嗎？

大量的研究表示，答案是「不會」。這裡的教訓簡單，但發人深省：只因爲你很擅長某件事，並不代表你擅長每一件事。不幸的是，這項事實每天都被一種人忽略，這種人的行爲稱作——深吸一口氣，因爲這個名詞很長——「不懂裝懂、愛給建議的『假博識』」（ultracrepidarianism）。

對自己的能力做華而不實的假設，未能認知到自己不懂什麼，毫不意外可能導致災難。當那些英國學童假裝自己知道一趟海濱之旅某些問題的答案時，不會發生什麼後果。他們不願意說「不知道」，並不會讓任何人付出實質代價。然而，**在現實人生，「假裝知道」所造成的社會成本，可能相當驚人。**

想想伊拉克戰爭。這場戰爭主要由美國挑起，美國宣稱海珊（Saddam Hussein）擁有大規模毀滅性武器，而且還和蓋達組織（Al-Qaeda）結盟。當然，事情不只是那樣，還牽涉到政治、石油，或許還有報復行動。然而，美國人最終之所以決定開戰，原因是那項關於蓋達組織與武器的宣稱。這場仗打了八年，花了八千億美元，死了近四五〇〇名美國人之後（伊拉克則死亡至少十萬人），我們不禁要想，要是當初提出那些宣稱的人，承認自己事實上並「不知道」那些事是不是眞的，那會如何？

如同溫暖、潮溼的環境，有助於滋生致命的細菌，政治與商業的世界具有長期架構、複雜結果，以及難以釐清的因果關係，特別容易導致一知半解的猜測假扮成事實。爲什麼？因爲亂猜一通的人，通常不必負任何責任！等到事情眞的發生，大家發現他們都不知道眞實情況，說得天花亂墜的人早已拍拍屁股走人。

那麼，如果「假裝知道」可能帶來非常嚴重的後果，爲什麼人們還一直在做這種事？答案很簡單：在多數案例，說「不知道」的代價高過說錯的代價，至少對個人而言是如此。

再回想一下第一章提過的，那個眼前罰球即將改變一生的假想足球員。瞄準球門中間的成功率比較高，但瞄準球門角落對個人名譽來說風險較低，所以他往角落踢。每次我們假裝知道某件事，我們都是在做同樣的事：保護自己的名聲，而不是促進集體財（collective goods）。沒有人想因爲不知道答案而看起來呆頭呆腦，或者至少不想被比下去。假裝知道的誘因，實在太過強大。

誘因也可以解釋爲什麼很多人願意預測未來。任何人只要大膽預測一件大事，而且那件事還成眞，那個人便會得到巨大報酬。如果你說，股市在接下來十二個月內會翻漲三倍，而且還眞的漲了，你會被津津樂道多年，人們還會花大錢請你預測未來。那要是股市沒漲，甚至還崩盤呢？別擔心，你的預測早就被忘光。由於幾乎沒有人有強烈誘因追蹤其他每個人的糟糕預測，假裝你知道未來會發生什麼事，幾乎不用任何成本。

二〇一一年，年長的基督教電台牧師哈羅德．康平（Harold Camping）上了全球頭條，因爲他預測信徒將在那年的五月二十一日星期六被神接走——「被提」（Rapture）。康平警告，世界將在那天毀滅，除了最虔誠的信徒，地球上七十億人都會死。

我們倆其中一人有個年紀很小的兒子，被這些頭條嚇到。他父親向他保證，康平的預測毫無依據，但小男孩依舊心神不寧，在五月二十一日即將來臨的前幾個晚上，都哭著入睡——這對所有人來說，都是糟糕的經歷。然後，星期六天亮了，天氣晴朗，世界依舊完好無缺。小男孩帶著十歲孩子的虛張聲勢，宣稱自己根本從來沒怕過。

他父親說：「即使如此，你覺得哈羅德．康平應該承擔什麼後果？」男孩說：「喔，很簡單，他們應該把他帶到外面，開槍殺掉他。」這個懲罰聽起來可能有點極端，但我們可以了解那種義憤填膺。如果糟糕的預測不會得到懲罰，還有什麼誘因能夠阻止這種預測？

羅馬尼亞最近提出一個解決辦法，該國自誇擁有興旺的「女巫」人口，也就是靠算命維生的女人。立法者決定女巫應該被管制、抽稅，還有最重要的是，萬一她們算的命不準，將得繳交罰款，甚至坐牢。可以理解的是，女巫很不高興，其中一人用自己最擅長的方式回應：威脅用貓糞與死狗，對政治人物下咒。

放下你的道德羅盤

這麼多人認爲自己知道的比實際上多的原因，還有另一種解釋。這和我們隨身攜帶的一種東西有關，雖然我們可能從沒意識到這件事，那就是道德羅盤。

在我們闖蕩這個世界時，每個人心中都會生出道德羅盤；當然，有的羅盤比較強，有的比較弱。這絕大多數是件好事，誰想活在一個人們到處亂跑、絲毫不在乎對錯的世界？然而，**解決問題時，最好放下你的道德羅盤**。

爲什麼?

因爲當你的心力都放在某個特定議題的對錯時，無論是水力壓裂法、槍枝管制或基因改造食物，很容易就會忘掉眞正的議題是什麼。道德羅盤可能讓你覺得一切的答案很明顯，即使事情並非如此。你會以爲對錯之間，有一條明顯界線，但通常沒有。最糟的是，關於那個主題，你會以爲自己已經知道所有需要知道的事，因此不會再去尋求更多資訊。

過去幾世紀，依賴船上羅盤的水手，偶爾會發現錯誤的讀數，讓他們偏離航道。爲什麼會那樣?因爲船上使用愈來愈多的金屬：鐵釘、五金零件、水手工具，甚至是人們身上的扣環與鈕扣，那些東西都會干擾羅盤的磁極讀數。有一段時間，水手費了很大力氣，讓金屬不至於干擾羅盤。雖然這裡提到規避性的做法，但我們不是在建議你把道德羅盤丟進垃圾堆，完全不是這樣。我們只是在建議你暫時把羅盤收起來，不讓羅盤遮蔽你的視野。

想想像自殺這種嚴肅議題，這是個令人道德焦慮的議題，人們因此鮮少公開談論，就好像我們用一塊黑布罩著這整個主題。不過，這麼做效果似乎不太好。美國一年約有三萬八千起自殺案件，那是謀殺案的兩倍。自殺幾乎是所有年齡群組的十大死因之一，但談論自殺是強烈的道德禁忌，人們不太知道相關事實。

在這本書的寫作當下，美國兇殺率創五十年來新低，交通死亡率也創歷史新低，自一九七〇年代以來下跌三分之二。在此同時，整體自殺率則幾乎沒有變動；更糟的是，十五歲至二十四歲之間的自殺率，在過去數十年變成三倍。因此，你可能會想，靠著研究那些案例的主要原因，社會已經了解所有令人們自殺的事物。

關於自殺這個主題，紐澤西理查史托克頓學院（Richard Stockton College）的心理學家大衛・萊斯特（David Lester），大概思考得比任何人都久，他費了很大工夫，從更多角度著手。萊斯特透過兩千五百多篇學術發表，探索自殺和其他事物的關聯，包括酒精、憤怒、抗憂鬱劑、星座、生物化學、血型、體型、憂鬱症、藥物濫用、槍枝控管、快樂、假期、網路使用、ＩＱ、心理疾病、偏頭痛、月亮、音樂、國歌歌詞、性格類型、性向、抽煙、性靈、看電視，以及開闊空間。

這一切的研究，讓萊斯特得出一個宏大、統一的自殺理論了嗎？離那天還很遠。目前爲止，他有一個引人注目的想法，或許可以稱爲「沒有事物可怪罪」的自殺理論。人們可能會猜，自殺率最高的是生活最困苦的人，萊斯特和其他人的研究則發現，可能正好相反：生活品質較高的人，自殺較爲普遍。

萊斯特表示：「如果你不快樂，你有東西可以怪罪你的不快樂，像是政府、經濟或是別的東西，那有點讓你可以對抗自殺。當『沒有』外在原因可以怪罪你的不快樂時，人們最可能自殺。我利用這個概念，解釋爲什麼非裔美國人的自殺率比較低，以及爲什麼盲人恢復視力後，通常變得具有自殺傾向，還有爲什麼青少年的生活品質提升後，自殺率通常升高。」

即便如此，萊斯特承認，他和其他專家不知道的比知道的多。比方說，我們不太清楚人們自殺前尋求協助的百分比，對「自殺衝動」也所知不多——一個人決定自殺與行動之間相距多少時間。我們甚至不知道，自殺成功者有多少人罹患精神疾病？萊斯特表示，這個議題太具爭議，估計值從五％到九四％都有。

萊斯特說：「人們期待我知道問題的答案，例如人們爲什麼自殺？我和朋友閒聊時常承認，我們眞的不太清楚人們爲什麼自殺。」

大衛・萊斯特是他那個領域的世界級權威，如果連他都願意承認自己還有很多要學的，我們這些人要承認，不是應該簡單得多？好了，接下來我們要談學習。

匹茲堡那個孩子幹的好事

學習的關鍵是得到反饋；沒有反饋，幾乎不可能學到任何東西。

想像你是史上第一個試著烤麵包的人，但你不被允許眞的烤，也看不到最終食譜。當然，你可以隨心所欲調整成分及其他變數，但如果你這輩子沒烤過麵包，也沒吃過成品，你怎麼知道什麼可行、什麼不可行？麵粉和水的比例應該是三比一，還是二比一？如果你加了鹽、油或酵母，或者加進動物糞便，那會發生什麼事？烤之前，應該要讓麵團發酵嗎？如果要，要放多久？放在什麼環境下？要烤多久？要不要蓋起來？火又要多大？

即使有好的反饋，可能還是得花點時間學習——想像一下，某些初期的麵包會有多恐怖！但如果沒有反饋，你毫無成功的機會，你會永遠犯同樣的錯誤。

幸好，我們的祖先的確找出如何烤麵包的方法，而且在那之後，人類學會做其他各式各樣的事：蓋房子、開車、寫電腦程式，我們甚至找出投票者喜歡哪一種經濟與社會政策。雖然投票可能是世上最不嚴謹的反饋迴圈，但那還是反饋。

在簡單的情境下，蒐集反饋很容易。你學開車時，如果用時速八〇英里開彎曲山路，會發生什麼事相當明顯（喂，下面是峽谷！）。然而，問題愈複雜，要得到好的反饋就愈難。你可以蒐集一堆事實，那可能會有用，但要得出可靠的因果關係，你需要穿透表面的事實。你可能得刻意跑到外頭，透過實驗得到反饋。

不久前，我們和一家大型跨國零售商幾位主管會面。他們一年花數億美元在全美打廣告，主要是電視廣告和星期天報紙的廣告傳單，但他們不確定效果如何。目前為止，他們得出一項具體結論：同樣是花一塊美元，電視廣告的效力，大概是印刷廣告的四倍。

我們問他們怎麼知道這件事，他們「唰—唰—唰—」秀出一些漂亮、全彩的投影片圖表，上頭追蹤電視廣告與產品銷售之間的關聯。沒錯，每次電視廣告一播出，銷售就大幅增加。那是很寶貴的反饋，對吧？嗯……讓我們來確認一下。

我們問，那些電視廣告多久播一次？主管們解釋，由於電視廣告比印刷廣告貴上許多，他們的電視廣告只集中在三天：黑色星期五（感恩節隔天，美國傳統聖誕節購物季的第一天）、聖誕節，以及父親節。換句話說，這間公司砸數百萬美元吸引民眾購物的時間，正好是數百萬民眾原本就準備好出門購物的時候。

所以，他們怎麼知道是電視廣告造成銷售高峰？他們不知道！這個因果關係倒過來說也很有可能：預期中的銷售高峰，促使公司買電視廣告。公司有可能一毛錢的電視廣告都不買，但依舊同樣賣出那麼多商品。這個案例的反饋，在實際上是沒有意義的。

然後，我們問及印刷廣告：他們多常發送印刷廣告？一位主管帶著明顯的自豪語氣告訴我們，公司在過去二十年間，在全美兩百五十個市場，每個星期天都會買下報紙夾頁廣告。

所以說，他們怎麼知道這些廣告有用？他們不知道。在完全沒有變化的情況下，不可能知道。

我們問，如果公司做個實驗，找出結果呢？數百年來，科學上的隨機控制測試，一直是學習的黃金準則，但爲什麼只讓科學家享有全部樂趣？我們提出，他們公司可以做個實驗：選擇全美四十個主要市場，隨機分成兩組。在第一組，公司可以繼續每個星期天買報紙廣告，第二組則一個廣告也不登。三個月後，很容易就能比較兩組商品的銷售，看看印刷廣告究竟有多重要。

「你們瘋了嗎？」一位行銷主管說：「我們不可能在二十個市場都不登廣告，執行長會殺了我們。」另一個人說：「沒錯！那會像匹茲堡那個孩子。」

什麼匹茲堡的孩子？

他們告訴我們，以前有個暑期實習生，原本應該打電話給匹茲堡的報社，要求買星期天的廣告。但不曉得爲什麼，他搞砸了這項任務，沒打電話，結果一整個夏天，公司在匹茲堡很大一區完全沒有報紙廣告。一位主管接話：「沒錯，我們差點爲了那件事被炒魷魚。」

我們問，所以發生什麼事了？他們公司那年夏天在匹茲堡的銷售怎麼了？

他們看著我們，再看看彼此，然後不好意思地承認，他們從來沒想過要調查那個數據。結果，他們回去查了以後，發現一件驚人的事：那次的廣告空窗期，完全沒有影響匹茲堡的銷售！

我們說，如果是那樣的話，那是很珍貴的反饋。公司數億美元的廣告費，有可能白花了。衆主管怎麼能確認？前述提到的四十個市場實驗，可能可以回答這個問題。所以，我們問他們，你們現在準備好要嘗試了嗎？

「你們瘋了嗎？」行銷主管再次說道：「如果那麼做，我們會被炒魷魚！」

直到今天，每個星期天，在每個市場，這家公司依舊買報紙廣告，即使這麼多年來他們唯一一次眞正的反饋，告訴他們廣告沒用。

能幫助解決問題的好實驗

我們建議的實驗，雖然對這間公司的主管而言是異端邪說，但其實很簡單，這樣的實驗可能讓他們得以好好蒐集需要的反饋。雖然無法保證他們會喜歡實驗的結果，因爲或許他們需要花更多錢買廣告，也或許廣告只在某些市場有用，但無論如何，他們至少可以得到一些線索，知道什麼有用、什麼沒用。**一場好的實驗可以帶來的奇蹟是：只要一刀砍下去，就可以消除所有讓人難以判定因果的複雜情形。**

然而，可惜的是，這種實驗在企業、非營利世界、政府及其他地方很少見。爲什麼？

一個原因是傳統。依據我們的經驗，許多機構做決定的習慣方式，靠的是某種模糊不清的直覺，再加上道德羅盤，以及前任決策者所做過的一切事情。第二個原因是缺乏專業：做個簡單實驗並不難，但大部分的人從來沒被教過該怎麼做，所以可能有點卻步。

還有第三個原因，人們一般不願意實驗的理由，有一個比較令人沮喪的解釋：因爲那需要有人站出來說：「我不知道」。如果你覺得自己已經知道答案，爲什麼還要那麼麻煩做實驗？與其浪費時間做實驗，還不如趕快跑去資助計劃，或者趕快通過法案，別管那些愚蠢的細節，擔心什麼會不會有用。

如果你願意使用「蘋果橘子思考術」，承認自己不知道的事，你將看到執行良好的隨機實驗威力無窮。當然，不是每種情境都可以實驗，尤其是社會議題。在大多數的地方，至少在多數民主國家，你無法隨機選取一部分人口，然後命令他們做事，例如生十個而非兩、三個孩子；或是什麼都不准吃，只能吃小扁豆二十年；或是開始每天上教堂。這就是爲什麼「自然實驗」（natural experiment）能有驚人成效，你可以得到的反饋，將如同可以隨機命令人們改變行爲一般。

我們先前的書，提到了許多情境，都利用自然實驗。爲了計算送數百萬人到監獄的間接效果，我們利用了公民權訴訟的案例：相關訴訟迫使某些州過度擁擠的監獄釋放數千名服刑者，而沒有州長或市長會自願做那種事。分析墮胎與犯罪的關係時，各州墮胎合法化的僵持不下幫了我們忙；相較於各地在同一時間立法，這讓我們更能獨立出各種效應。

可惜啊！這些自然實驗都太大型，不是每天會出現的情形。還有一個替代方式，是進行實驗室實驗。全世界成群的社會科學家，最近都在這麼做。他們召集大學生軍團，要他們演練各式情境，希望能了解利他主義、貪婪、犯罪等萬事萬物。實驗室實驗可以極爲有用，讓人得以探索眞實世界難以捕捉的行爲。雖然相關結果通常引人入勝，卻不一定能夠告訴我們許多事情。

爲什麼不能？因爲很多實驗並不夠像它們希望模擬的眞實世界情境。不過，它們是學術界版的市場焦點團體訪談：一小群被挑選過的自願者在人爲環境下，努力執行負責人要求的任務。實驗室實驗對硬科學來說極爲寶貴，部分原因是中子和單細胞生物被觀察時，不會改變它們的行爲，但人類會。

得到好反饋，更好的方式是田野實驗（field experiment），也就是與其試圖在實驗室裡模仿眞實世界，不如把實驗室心態帶到眞實世界。你依舊在做實驗，但受試者不一定知道，這代表你將可以得出不受影響的反饋。

做田野實驗時，想多隨機就可以多隨機，包括你可以找實驗室永遠塞不下的更多人，觀察那些人回應眞實世界的誘因，而不是回應在旁走動的教授的鼓勵。田野實驗如果做得好，可以大幅改善問題的解決方式。

而且，這一切已經在發生。你將在本書第六章讀到幾個聰明的田野實驗，其中一項讓加州屋主節省用電，另一項則幫助慈善組織募得數百萬美元，讓貧苦孩子的人生出現轉機。我們也將在第九章告訴各位，我們有史以來最大膽的實驗：我們招募一群正在面臨人生困難抉擇的人們，有的正在決定要不要從軍，有的正在決定要不要辭職，有的正在決定要不要結束一段感情，然後我們靠著擲硬幣，隨機替他們做選擇。

貴的酒，眞的比較好喝嗎？

除了實驗很有用，採行「蘋果橘子思考術」的人，還有另一個理由會想嘗試實驗：因爲很有趣！一旦你擁抱實驗精神，這個世界就變成一個遊戲沙坑，你可以嘗試新點子、提出新的問題，挑戰大家都使用的正統說法。

舉例來說，你可能對某些酒比其他酒貴上許多而咋舌。貴的酒，眞的比較好喝嗎？我們倆其中一人爲了找出答案，曾在幾年前做過實驗。

實驗地點是哈佛的學者學會（Society of Fellows），博士後學生在那裡做研究，一週一次和崇高的資深學者一起享用正式晚餐。酒是這類晚餐的重要主角，學會自誇擁有無懈可擊的酒窖，一瓶酒要價一百美元稀鬆平常。某次一位年輕學者好奇，那些酒那麼貴是否有道理。幾位資深學者恰巧是品酒行家，他們保證眞的有道理。他們告訴年輕學者，一瓶昂貴的酒通常嚐起來，比便宜的酒上等許多。

這位年輕學者決定進行一場盲目品酒測試，看看這個保證的眞實性有多少。他請學會的酒窖服務員拿出兩瓶好酒，然後他到賣酒的商店，買了同種葡萄製作、最便宜的一瓶酒，售價八美元。他將三瓶葡萄酒，倒在四個醒酒壺裡，其中一瓶酒窖的酒重複倒，就像這個樣子：

醒酒壺	酒
1	昂貴葡萄酒A
2	昂貴葡萄酒B
3	便宜葡萄酒
4	昂貴葡萄酒A

當品酒時刻來臨，幾位資深學者表現出最合作的品酒態度，晃動酒杯、聞了聞酒香、小酌一口、塡妥評分卡，寫下自己對每壺酒的評估。他們沒被告知，其中一瓶酒的價格，只有其他酒的十分之一左右。

結果呢？四只醒酒壺平均起來，得到幾乎一樣的評分。也就是說，最便宜的酒嚐起來，幾乎和昂貴的酒一樣好。然而，那還不是最令人驚訝的發現。這位年輕學者，還比較了每位品酒者對不同酒壺的評分。猜猜看，他們判斷哪兩壺酒，喝起來最不同？答案是醒酒壺一與四，也就是同一瓶倒出來的酒！

然而，相關發現並未得到眾人一致歡呼。其中一位資深學者兼葡萄酒行家大聲宣布，他那天感冒，大概影響了品酒能力，然後衝離現場。

好吧！也許這個實驗不是非常公平公開，也不科學。那如果是用類似的方式，進行較爲完整的實驗，看看結果如何，不是很好的一件事嗎？

羅賓・高史坦（Robin Goldstein）是美食美酒評論家，研修過神經科學、法律與法國美食。他決定進行一項實驗，在幾個月內組織了全美各地十七項盲目品酒測試，請超過五百人幫忙實驗，包括葡萄酒入門人士、侍酒師與酒商。

高史坦的實驗用了五百二十三種酒，每瓶酒的價格從一・六五美元至一五○美元不等。品酒時爲雙盲實驗，也就是喝酒的人和上酒的人，都不知道杯中是哪種酒，也不知道酒的價格。每喝完一種酒，喝酒的人要回答一個問題：「整體而言，你覺得這瓶酒如何？」答案可以選「糟糕」（一分）、「還好」（兩分）、「不錯」（三分），或是「很好」（四分）。

所有品酒者給所有葡萄酒的平均評分是二・二，也就是只比「還好」好一點而已。那麼，比較貴的酒，是否得到比較高分？簡單來說：沒有。高史坦發現，平均而言，參加實驗的人「享受昂貴葡萄酒的程度，些微低於」便宜的酒。他謹慎指出，樣本中的專家（約一二％的參與者接受過某種品酒訓練），並沒有偏好較便宜的酒，但也沒有明顯跡象顯示，他們偏好較爲昂貴的酒。

你買葡萄酒時，是否有時會看瓶標多漂亮來決定？依高史坦的研究結果來看，那似乎不是糟糕的策略：至少，你很容易就能區分不同標籤，不像瓶子裡的東西那麼難以辨別。

已經注定在葡萄酒產業成爲異端邪說的高史坦，決定再做一個實驗。如果比較昂貴的酒，喝起來沒有比便宜的酒好，他好奇評論家對酒的評分與獎項，到底正當性有多少？在這個領域最著名的，是評論成千上萬葡萄酒的《葡萄酒大觀》（*Wine Spectator*）雜誌。一間餐廳如果提供「來自高品質製造商的絕佳選擇，價格與風格都符合菜單主題」，雜誌還會頒發「卓越獎」（Award of Excellence），全球只有幾千家餐廳榮獲這項殊榮。

高史坦好奇這個獎項，是否如同表面上那樣有意義，於是他虛構了一間米蘭餐廳，弄了一個假網站，還有一份假菜單，他解釋：「那是一個趣味雜燴，融合了些許樸拙的新式義大利食譜。」然後他把那家餐廳命名爲「Osteria L'Intrepido」，意思是「大無畏餐廳」（Fearless Restaurant），名稱來自他自己的《大無畏批評》（*Fearless Critic*）餐廳指南。

高史坦說：「這裡要測試兩個問題。第一，你得擁有上等酒單，才能贏得《葡萄酒大觀》的卓越獎嗎？第二，你必須眞實存在，才能贏得《葡萄酒大觀》的卓越獎嗎？」

他小心翼翼設計「大無畏餐廳」的虛構酒單，但可能不是你猜想的那一類。他替這間餐廳的「私房酒單」選擇特別糟的酒，而一般私房酒單是餐廳最棒、最昂貴的酒。他選了十五種《葡萄酒大觀》自己用總分一百評過的酒，依據《葡萄酒大觀》的評分，九〇分以上的酒至少是「傑出」（outstanding），八〇分以上至少是「優秀」（good），七十五分至七十九分的酒則稱爲「平庸」（mediocre），所有低於七十四分的酒則是「不推薦」（not recommended）。

那麼，高史坦替「大無畏餐廳」的私房酒單選擇的十五種酒，得到《葡萄酒大觀》雜誌什麼樣的評分？平均起來，它們得到「不推薦」的七十一分。依據《葡萄酒大觀》的評論，其中一瓶「聞起來像穀倉空地，嚐起來有一股腐爛味道。」另一瓶則「聞起來油漆味太重，有一股指甲油氣味。」有瓶一九九五年卡本內蘇維翁品種（Cabernet Sauvignon）的「I Fossaretti」，只得到五十八分的低分，《葡萄酒大觀》說那瓶酒「就是不對勁……喝起來像金屬，有一股怪味。」在高史坦的私房酒單上，那瓶酒標價一二〇歐元，而十五瓶酒的平均售價是一八〇歐元。

這是一家假餐廳，私房酒單上最貴的，是《葡萄酒大觀》給過恐怖評價的酒，高史坦怎麼可能期待贏得《葡萄酒大觀》的卓越獎？他說：「我假設申請過程中，眞正起作用的環節，在於那二五〇美元的費用。」

所以，他寄出支票和申請表，以及「大無畏餐廳」的酒單。不久之後，他米蘭假餐廳的答錄機，就收到紐約《葡萄酒大觀》的眞人來電：他贏得了卓越獎！雜誌還問：「您是否有興趣在下期雜誌中，刊登您得獎的廣告？」這讓高史坦做出結論：「這整個獎項，其實只是廣告而已。」

我們問他，那表示像我們兩個人，兩個對經營餐廳一竅不通的人，某天也有希望贏得《葡萄酒大觀》的卓越獎嗎？「沒錯，」他說：「如果你的酒夠糟的話。」

練習說「不知道」

也許，此刻你正在想，這種「獎項」在某個程度上，很明顯只是行銷噱頭。也或者，事情對你來說很明顯，比較貴的酒不一定就比較好喝，還有很多廣告都是白花錢。

然而，許多明顯的概念，都是在事實被證明正確（或錯誤）後才變得明顯，也就是要等到有人花時間、花力氣去調查那些事之後。只有在你停止假裝知道自己不知道的答案，調查的衝動才會被釋放。但由於「假裝知道」的誘因太過強大，你可能得拿出一點勇氣。

還記得那群胡亂回答瑪麗到海邊玩的問題的英國學童嗎？研究人員後來做了追蹤研究，題目是「幫助孩子對無法回答的問題，正確說出『我不知道』。」孩子同樣被問了一連串的問題，但這次他們被明確要求，如果問題無法回答，就要回答「不知道」。好消息是，孩子在恰當的時候，大多成功回答：「我不知道」。在此同時，他們也依舊答對了其他問題。

讓我們以孩子的進步為榜樣，下次當你碰到只能假裝自己會的問題時，**勇敢說出「不知道」，然後當然要加上「但或許我可以找出答案」，並且盡量做到**。你可能會感到驚訝，大家相當能接受你的誠實，尤其如果你在一天或一週後，告訴他們眞正的答案。

就算事情的結果不太開心、老闆笑你無知，或者無論你怎麼努力都找不出答案，偶爾說出「我不知道」，還有一項更爲策略性的好處。假設你已經那樣做了幾次，下次你眞的被卡住，面對一個無法回答的重要問題時，你可以隨便瞎掰，每個人也都會相信你，因爲你這個人在其他時候都瘋狂到承認自己不知道答案。

畢竟，身在辦公室，並不是停止思考的理由。

3 你究竟有什麼問題？

如果說，承認自己不知道所有的答案，需要很多很多勇氣，那麼你就知道要承認自己甚至不知道正確問題是什麼會有多難。然而，如果你問了錯誤的問題，幾乎可以保證會得出錯誤的答案。想一個你眞的很想解決的問題，或許你想解決民衆普遍肥胖的問題，或是氣候變遷、美國公立學校體系教學品質下滑等。現在，問一問自己，你如何定義這個問題？你的看法十之八九，深受大衆媒體的影響。

大部分的人沒有時間，也沒有意願用自主思考的方式，來好好思考重大問題。我們通常會留意其他人說什麼，如果他們的觀點引起共鳴，我們就採取他們的看法。此外，我們也通常會留意問題困擾我們的部分。或許，你討厭學校獲得教學評鑑不佳的概念，因爲你的祖母是老師，她似乎比今日的老師還要更獻身於教育。對你來說，學校失敗的原因很明顯，因爲現在糟糕的老師太多。

讓我們進一步思考一下這個看法。美國推動教育改革時，許多理論與幾個關鍵因素有關：學校大小、班級人數、行政穩定度、科技經費，以及是的，教師的教學技巧。有證據顯示，好老師的確比壞老師優秀，而且打從你祖母的年代以來，整體教師水準下跌，其中部分原因是聰明女性現在有衆多工作選擇。此外，在某些國家如芬蘭、新加坡與南韓，未來的學校教師，來自準備念大學的最優秀學生，美國老師則比較可能來自班上比較差的那一半學生。因此，每一個關於學校改革的對話，或許都應該繞著教師技能打轉，這合乎邏輯。

然而，近日排山倒海的證據顯示，教師技能對於學生表現的影響力，弱於另一組完全不同的因素，也就是孩子從父母身上學到多少、他們在家裡有多努力，以及家長是否灌輸孩子對受教的渴望。如果缺乏這些家庭因素，學校也只能做到那麼多。學校一天只看著你的孩子七個小時、一年一八〇天，或者差不多是孩子醒著的二二%時間。如果算進社交、吃東西，以及上下學的時間，也不是所有在校時間都用在學習。而且，對許多孩子來說，他們人生頭三、四年的時間，全都和父母一起度過，不是學校。

但嚴肅人士談論教育改革時，極少提到讓孩子迎向成功時，家庭所扮演的角色。部分原因是「教育改革」這幾個字，本身就暗示著，問題其實是「我們的學校究竟怎麼了？」然而，實際上或許更好的問法是：「爲什麼美國孩子知道的，比愛沙尼亞與波蘭的孩子少？」**當我們用不同方式問問題時，將著眼於不同面向找答案**。所以，當我們談論爲什麼美國孩子表現不佳時，也許應該少談一點學校，多談一點家長。

在我們的社會，如果有人想當美髮師、拳擊手、打獵嚮導，或是學校老師，都必須接受訓練，取得國家機構頒發的證照。然而，我們對當父母的人，卻沒有這種要求。不管是誰，只要擁有生殖器官，就可以自由製造出孩子，沒有人會過問，而且家長還可以愛怎麼養孩子、就怎麼養孩子，只要沒有明顯瘀青就可以。接著，他們就把那個孩子丟給學校體系，讓教師施展奇蹟。有沒有可能是我們要求學校太多，要求家長和孩子太少？

這裡有一個大原則：**無論你正試圖解決什麼問題，一定不能只針對問題恰巧引起你關注的那個明顯部分下手。在你投注全部的時間和資源之前，絕對要事先好好定義問題，更好的辦法則是重新定義那個問題。**

有位謙遜的日本大學生就是這麼做的，他順利克服的挑戰是多數人連想都沒想過的，甚至不會想要參與。

這個斯文的瘦子怎麼可能吃那麼多？

時間是二〇〇〇年秋天，名字即將爲全球世人知曉的年輕小林尊，正在日本三重縣四日市大學念經濟系。他和女友久美同居，兩人的公寓用蠟燭照明，因爲他們再也付不起電費。兩個人都不是來自什麼富裕家庭，小林尊的父親是佛門信徒，在寺廟導覽歷史。除了電費，小林尊和女友也付不出房租。久美聽說了一個可以奪得五千美元的比賽，但她沒有告訴男友，就寄出明信片幫他報名，那是電視大胃王比賽。

這聽來可不是什麼好點子。小林尊的外表，看起來完全不像是什麼大胃王，他身材纖細，身高不滿一七三公分；不過，他的確有一顆強健的胃，胃口也很好，從小永遠清光盤子，有時連妹妹的份也順道解決。此外，他相信體型的重要性可能被高估，因爲他童年時代的英雄是偉大的相撲冠軍「千代之富士貢」，這位別號是「狼」的選手體重比人輕，但高人一等的相撲技術彌補了那點。

小林尊勉強答應參賽，他唯一的機會是智取。他在大學已經學過賽局理論，現在可以派上用場。那場比賽將比吃四種食物：馬鈴薯、海鮮丼、蒙古烤羊肉，還有麵。只有初賽領先的人，才可以晉級。小林尊研究先前舉辦過的晉級式大胃王比賽，發現多數參賽者會在前面幾輪拚命吃，就算眞的晉級，到決賽時已經精疲力竭、吃得太飽，無法有更好的表現。

小林尊的策略是，保留精力和胃容量，每一階段只吃到剛好可以晉級就好。這算不上什麼了不起的科學，但他的敵手也不是什麼了不起的科學家。到了最後的決賽，小林尊發揮童年相撲英雄的精神，「狼」呑虎嚥吃下了夠多麵條，贏得五千美元獎金。於是，他和久美的公寓，又有燈光了。

日本有很多可以贏得獎金的大胃王比賽，但小林尊已經嘗過業餘者的勝利，現在興致勃勃想成爲專業競賽人士。他把目光放在大胃王比賽的超級盃——「奈森馳名的七月四日國際吃熱狗大賽」（Nathan's Famous Fourth of July International Hot Dog Eating Contest），這場年度比賽大約在紐約市康尼島（Coney Island）舉行了四十年之久。據說《紐約時報》（*The New York Times*）和其他媒體自一九一六年起，就在報導這場比賽，但主辦者承認那是他們捏造的歷史。不過，這場比賽通常能吸引ESPN頻道百萬以上的觀衆收看。

比賽規則很簡單：參賽者要在十二分鐘內，盡可能吃下最多的「熱狗麵包」——官方名稱是「HDB」（hot dogs and buns）。當最後的鈴聲響起時，已經放進參賽者嘴裡的熱狗麵包，只要能夠吞得下去，也算吃完的分量。但是在比賽中，參賽者要是把大量的熱狗麵包放進嘴裡，然後又吐出來，可能會被取消資格——這在熱狗比賽被稱爲「命運的轉折」（reversal of fortune）。你可以加調味料，是說沒有認眞的參賽者會費那個工夫。你也可以喝飲料，愛喝多少就多少，而且喝什麼隨便你選。二〇〇一年，小林尊決定參加這場康尼島大賽時，大會先前的最高紀錄，是十二分鐘內吃下驚人的二十五又八分之一個熱狗麵包。

賽前，小林尊在日本家裡練習。他找不到大會規定的標準熱狗，所以決定用魚香腸練習。至於長條麵包的部分，他切了很多條一般麵包。他花了數個月的時間，一個人默默練習，然後以無名小卒的身分抵達康尼島。在那之前一年的比賽，前三名都是日本人，世界紀錄保持人是新井和響，綽號「兔子」。但這個新人不被視爲威脅，有些人還以爲他是高中生，那會使他失去參賽資格。一位參賽者還笑他：「你的腿比我的手臂還細。」

小林尊的表現如何？他在第一場康尼島比賽就技驚全場，創下新世界紀錄。猜猜看，他吃下多少個熱狗麵包？提醒你一下，過去的紀錄是二十五又八分之一個。合理的猜測，可能是二十七、二十八個熱狗麵包，比舊紀錄多個一〇%。如果你很大膽的話，可能會多猜個二〇%，也就是在十二分鐘內，吃下比三十個多一點的熱狗麵包。

答案揭曉！小林尊吃了五十個。五十個！那表示在整整十二分鐘內，每分鐘都要吃超過四個熱狗麵包。當年二十三歲、身材纖細的小林尊，基本上是讓世界紀錄「加倍」。

想想那個新拉開的距離有多大？這場康尼島吃熱狗大賽的歷史重要性不如，嗯，不如一百公尺短跑好了。但我們用一下類比的方式，來看看小林尊的豐功偉業。在本書寫成時，一百公尺短跑的世界紀錄保持人是「名符其實」的牙買加短跑選手「閃電俠」尤塞恩・柏特（Usain Bolt）——Bolt 為「閃電」、「快跑」之意。他用九・五八秒跑完。即使是這麼短的競賽，柏特通常靠著比對手多跨幾步獲勝；他被公認為史上最佳短跑者。在他之前的最佳紀錄是九・七四秒，也就是說，他進步一・六%。柏特如果要像小林尊那樣改寫紀錄，他得用四・八七秒跑完一百公尺，平均時速是四十六英里左右，大約介於灰狗與獵豹之間。

隔年，小林尊再度贏得這場康尼島比賽，其後四年也是冠軍，把紀錄推升到五十三又四分之三個熱狗麵包。以前，從來沒有冠軍能連贏超過三次，更不要說連贏六次。然而，他贏的次數或獲勝的差距，並不是唯一特別的地方。一般的大胃王參賽者，看起來就好像他們可以吞下小林尊本人，是那種在兄弟會很出名、一次可以吃下整整兩個披薩、又有六塊肌的人。然而，小林尊是那種講話輕聲細語、愛開玩笑、善於分析的人。

小林尊成爲國際巨星。一名學童因爲模仿心中的英雄噎死後，日本的大胃王風潮冷卻下來。不過，小林尊在其他地方找到許多比賽，創下漢堡、德國香腸、Twinkies 奶油夾心蛋糕、龍蝦麵包、墨西哥魚肉捲餅等食物的紀錄。一場罕見的落敗，出現在一對一的電視競賽。小林尊大約在兩分鐘半之內，吃下三十一根沒有麵包的熱狗，但他的對手吃了五十根。那次的對手，是一頭半噸重的科迪亞克棕熊。

世界冠軍的策略

一開始，小林尊能在康尼島大賽橫掃全場，令人大惑不解。有些對手認爲他作弊——他會不會使用了某種肌肉鬆弛劑，或是其他某種外國藥物，抑制了咽反射？人們謠傳，他吞石頭讓胃容量變大。甚至有人耳語，小林尊是日本政府的陰謀！日本醫生動手術，幫他多裝了一個食道或胃，想讓美國人在獨立紀念日那天的比賽中蒙辱，其心可議！

天啊，這些指控聽起來沒有一樣像眞的。那麼，小林尊到底爲什麼比其他每個人都強那麼多？

我們倆曾經幾度和他碰面，試圖解答這個問題。我們的第一次見面，是在紐約的一個夏天，在上西區低調、時髦的盧森堡小餐館（Cafe Luxembourg）吃晚餐。那天，小林尊吃得很精緻：一小盤生菜沙拉、英國早餐茶、一點沒加醬的鴨胸。很難想像，他是鈴響時嘴裡塞進那麼多熱狗的人，感覺就像看著格鬥拳擊手做針線活一樣。小林尊說：「相較於美國大胃王，我一般吃得不多。快食不是太好的禮貌，我所做的一切，其實違反了日本人的禮節教訓。」

他的母親不看重他選擇的職業，小林尊說：「我永遠不會和她聊我比賽或訓練的事。」不過，小林尊的母親二〇〇六年死於癌症前，似乎從中獲得啓發。「她接受化療，經常想吐，然後她會說：『你也在努力壓下吃那麼多而想嘔吐的衝動，媽媽覺得自己也可以試著忍受。』」

小林尊五官秀氣，有雙溫柔的眼睛，顴骨高，人看起來很愉快。他頭髮有型，挑染成一邊紅、一邊黃，代表著番茄醬與芥末醬。他談起自己是如何爲首場康尼島大賽做訓練，他的聲音柔和，但充滿力量。原來，那幾個月的與世隔絕，是一次長期的實驗與反饋。

小林尊觀察到，大多數康尼島參賽者都採用類似策略，也就是幾乎沒有策略。基本上，就是一般人在後院烤肉時吃熱狗的加快版而已：把熱狗麵包拿起來塞進嘴裡，從頭吃到尾，然後灌點水吞下去。小林尊思考，是否有更好的吃法？

舉例來說，比賽規則並沒有規定，熱狗一定要從頭吃到尾。所以，他的第一場實驗很簡單：要是他在吃之前，先把熱狗麵包剝成兩半呢？他發現，這樣一來，就有更多咀嚼和塞進嘴裡的選項，而且手可以代替嘴巴做一些事。這個技巧，後來被稱爲「所羅門吃法」（Solomon Method），因爲《聖經》中所羅門王靠著威脅要把一個嬰兒切成兩半，解決誰才是親生母親的爭議——請見本書第七章。

接著，小林尊質疑另一項傳統做法，那就是熱狗和麵包一起吃。每個人都這麼做，並不令人意外。熱狗是那麼舒服地躺在麵包裡，當爲了享受美食吃熱狗麵包時，兩側麵包蓬鬆柔軟的質地，再搭配光滑、滋味豐富的熱狗，是多麼地美味。然而，小林尊不是爲了享受美食而吃的。他發現，熱狗和麵包一起吃，會有密度衝突。熱狗本身是一條緊緊壓縮的密實鹹肉，可以直接滑下咽喉。麵包鬆軟，比較沒那麼結實，會占去許多空間，而且需要很多咀嚼。

所以，他開始分開熱狗和麵包，餵自己一把沒有麵包、剝成兩半的熱狗，然後再吃一輪麵包。他就像是走向專業化的一人工廠，讓經濟學者的心，再次如亞當·斯密（Adam Smith）的年代一樣悸動。

小林尊能輕鬆吞下熱狗，就像水族館裡訓練有素的海豚吞下鯡魚般，但麵包依舊是個問題——如果你想在酒吧贏得打賭，你可以挑戰別人不喝飲料、一分鐘內吃下兩個熱狗麵包。所以，他決定嘗試不一樣的東西，單手餵自己沒有麵包、折過的熱狗，另一隻手把麵包浸入水杯，然後擠出大部分多餘的水分，把麵包塞進嘴裡。

這種吃法似乎違反直覺：當你需要把所有胃部空間，拿來填裝麵包和熱狗時，爲什麼還要在胃裡放進多餘水分？然而，麵包泡水有隱藏的好處。吃溼軟麵包，意味著小林尊在中途不會那麼渴，也就是可以省下喝水的時間。他也實驗水溫，發現溫水的效果最好，可以放鬆咀嚼肌。此外，他還在水裡加入植物油，那似乎可以幫助吞嚥。

小林尊的實驗，無窮無盡。他側錄自己的訓練過程，用表格記錄所有數據，尋找缺乏效率、浪費毫秒的小地方。他實驗「比賽節奏」：最好是前四分鐘卯盡全力吃、中間四分鐘放鬆、然後最後四分鐘「衝刺」，還是從頭到尾保持相同步調比較好？結果發現，開頭先衝最好。小林尊也發現，大量睡眠特別重要，還有重訓也是：強健的肌肉可以幫助吃東西，還可以幫忙抑制想吐的衝動。他還發現，當自己吃東西時，如果上下跳動、扭動身體，可以讓胃挪出更多空間。那種像動物般的奇怪舞蹈，後來被稱爲「小林搖晃」（Kobayashi Shake）。

再者，小林尊不採用的戰術，和他採用的戰術一樣重要。他和其他大胃王參賽者不同，從不去吃到飽餐廳做訓練。「如果我那麼做，會不知道自己吃了多少。」他吃東西時，也不聽音樂。「我不想聽到多餘的聲音。」他發現，喝數加侖的水可以撐大胃部，但最後帶來很糟糕的結果。「我開始出現某種痙攣，就像是癲癇發作，所以那是一次嚴重錯誤。」

小林尊集合所有實驗結果時，發現他的肉體準備也提升了心靈狀態。「一般而言，在十分鐘內吃這麼多東西，最後兩分鐘會最痛苦，你會擔心。但如果你有優異的專注力，那會變成令人享受的時刻。你會感受到痛苦與折磨，但當你感受到那些感覺時，你會更加興奮。就在那個時候，你會『high』起來。」

但是，等一下！雖然小林尊發明了這麼多方法，萬一他只不過是解剖學上的怪胎，剛好是絕無僅有的進食機器呢？這種主張的最佳反駁證據，便是他的敵手開始追上他。在小林尊稱霸康尼島大賽六年後，美國大胃王喬伊・「嚼」・切斯納（Joey "Jaws" Chestnut）打敗他，而且在本書出版時，他已經連續八次贏得康尼島大賽冠軍。

切斯納通常只以些微差距勝過小林尊，兩人把世界紀錄推得甚至更高。切斯納在十分鐘內，就吞下驚人的六十九個熱狗麵包——比賽在二〇〇八年時縮短爲十分鐘。同時，其他幾個敵手吃下的熱狗麵包，也往往多過小林尊第一次打破紀錄時的雙倍數目。比方說，派翠克・「深盤子」・貝托拉提（Patrick "Deep Dish" Bertoletti）與提姆・「大胃王X」・詹納斯（Tim "Eater X" Janus），而女性紀錄保持人是體重約四十四・五公斤的索尼婭・「黑寡婦」・湯瑪士（Sonya "the Black Widow" Thomas），她也打破了先前紀錄，在十分鐘內吃下四十五份熱狗麵包。小林尊的部分對手模仿他某些策略，他們全都發現，原本被視爲不可能的吃下四、五十份熱狗，其實根本不是天方夜譚。

二〇一〇年，小林尊和康尼島大賽的主辦單位起了合約衝突。他先是宣稱主辦單位限制他到別處比賽，然後沒報名參賽，但還是出現在會場上，而且在亢奮之下跳上台。小林尊立刻被捕，銬上手銬。對於一個如此自律的人來說，那是非常不符合性格的魯莽舉動。被關進監獄的那天晚上，他拿到一份三明治和牛奶。他說：「我好餓，眞希望監獄裡有熱狗。」

決勝的關鍵，就在大腦

小林尊的成功故事雖然很驚人，但除了熱狗快食外，是否能有更重大的用途？我們相信可以。如果你採取「蘋果橘子思考術」，他的戰術至少告訴我們，兩個可以運用在更多地方的教訓。

第一個教訓與一般的問題解決有關——小林尊重新定義了他試圖解決的問題。他的敵手問了什麼問題？基本上，他們問的是：我如何能吃「更多」熱狗？小林尊則提出不一樣的問題：我如何能讓熱狗變得「更容易」吃？這個問題，讓他開始實驗、蒐集改變競賽的反饋。他只靠著重新定義問題，就找出一套全新的解決方案。

相較於其他所有參賽者，小林尊把大胃王比賽，視為本質與日常吃東西完全不同的活動——他將大胃王比賽視為運動。或許，至少對大部分的人來說，那是一種噁心的運動，但如同所有的運動，都需要特殊訓練、策略，以及身心兩方面的操練。對小林尊來說，把大胃王比賽視為日常吃東西的增強版，就像是把馬拉松視為在街上走路的增強版一樣。當然，我們多數人都走得夠好，如果有必要的話，我們甚至會走上很長一段時間；不過，參加馬拉松比賽比那複雜一點。

當然，我們得說，重新定義大胃王比賽，比重新定義其他問題容易，如拯救搖搖欲墜的教育體系，或是地方貧窮等。但即使是這類複雜議題，一個良好的起點，會是像小林尊一樣，聰明評估問題的本質。

小林尊成功故事的第二個教訓，則和我們接受或拒絕接受的極限有關。

在盧森堡小餐館一起吃飯的那個晚上，小林尊說，他開始訓練時，拒絕接受現有二十五又八分之一個熱狗麵包的康尼島紀錄是合理數字。爲什麼？他的理由是，那個紀錄不代表什麼，因爲先前的參賽者都問錯吃熱狗問題。在他看來，那個紀錄是人爲障礙。

所以，在他參賽時，並不覺得二十五又八分之一個熱狗麵包，是什麼很高的上限。他要自己完全不注意吃了多少熱狗麵包，把全副心力通通放在吃的方式。如果他心中覺得二十五又八分之一是個令人敬佩的數字，他是否依舊會贏得第一場競賽？也許吧，但將很難想像，他會讓紀錄「加倍」。

科學家在近日的實驗發現，即使是頂尖的運動員，也可以靠著基本上是對他們說謊，來騙他們進步。在其中的一項實驗，自行車選手被要求用最快速度踩踏四千公尺的室內健身腳踏車。接著，他們一邊看自己先前踩腳踏車的樣子，再踩一次。他們不知道的是，研究人員調快了先前的影像，但自行車選手還是可以跟得上影像畫面，超越他們原本以爲自己能做到的最快速度。

聲譽卓著的英國運動員暨神經科學家羅傑・班尼斯特（Roger Bannister）說：**「關鍵器官是大腦，不是心臟或肺部。」**班尼斯特本人最著名的事跡，是以不到四分鐘時間跑完一英里（約一・六公里），他是史上第一人。

我們所有人每天都面對著障礙，包含身體的、經濟的、時間上的障礙。有的障礙的確存在，但其他障礙則完全是人爲障礙，如預期某個體系能運作得多好、多少改變算太多改變，或是哪種行爲是可接受的等。下次當你碰到這樣的障礙，那種由缺乏想像力、衝勁與創意的人所設下的障礙，請認眞思考忽視它。**解決問題已經夠難，如果你事先決定自己做不到，只會雪上加霜。**

如果你懷疑人爲限制，是否眞的會帶來負面力量，下列是個簡單測試。假設你很久沒運動了，想好好回歸健康正軌，做一點伏地挺身。你打算做幾個？可能你會告訴自己：嗯，有一段時間沒運動，從十個開始好了！然後你開始做。做到第幾下時，你會開始覺得身心都累？大概是做到第七下，或第八下的時候。

現在想像一下，你決定做二十個伏地挺身，而不是十個。這次，你會從第幾下開始覺得累？趕快趴到地上試試看。在你發現自己的體力變得很差之前，大概早已一口氣做超過十個。

小林尊靠著拒絕接受原本的熱狗紀錄，第一年一口氣就突破了二十五這個數字。在康尼島的吃熱狗大賽，每位大胃王參賽者，都會被分配到一位棕髮女郎，那個年輕女孩會舉牌，讓觀衆知道每位參賽者目前吃下多少熱狗。那年的牌子不夠用，小林尊的棕髮女郎必須舉起匆促準備的黃色紙張，上頭是用手草寫的數字。在比賽結束時，一名日本電視記者問小林尊感覺如何？

小林尊說：「我可以繼續吃。」

4 眞相就像髮根沒染的布丁頭，藏在根源裡

需要一個眞正的原創思考者，才能將每個人都已經檢視過的問題，重新找出有效的解決之道。爲什麼這些人這麼少？可能是因爲多數人在試圖解決問題時，不自覺受到最近、最明顯的誘因吸引。很難說這是後天習得的行爲，也或者這源自我們的老祖宗。

在洞穴人時代，知道某個樹叢上的莓果是否可食，可以定生死。「近因」（proximate cause）通常很重要，即使是今天，多數近因通常聽起來很合理。如果你的三歲孩子正在哭個不停，五歲的孩子也在旁邊，臉上還帶著邪惡的笑容、手上拿著塑膠槌，那把塑膠槌大概和這場嚎啕大哭脫不了關係。

然而，社會關心的重大問題，如犯罪、疾病與政治失能等，遠比那複雜許多。它們的根本原因通常不會出現在附近，也大多不明顯、不太令人愉快。所以，與其訴諸問題根源，我們通常選擇花費數十億美元來治療表徵，當問題依舊揮之不去時，徒留皺眉以對。運用「蘋果橘子思考

術」，表示你應該會非常努力找出問題的根本原因，然後著手解決它們。

當然，這說起來很容易，做起來很難。想想貧窮和饑荒，是什麼原因造成的？簡單的答案是缺錢和缺食物，所以理論上，只要空運大量金錢與食物到貧窮、飢餓的地方，就能夠戰勝貧窮與饑荒？許多年來，政府與援助團體大體上做的就是這些事。那麼，爲什麼同樣的問題，依舊存在於同樣的地方？

因爲貧窮是症狀，源自缺乏建立在可靠的政治、社會與法律制度上，可以順利運作的經濟體系。所以，就算投入滿飛機的現金，也解決不了這個問題。同樣地，缺乏食物也不是饑荒的根本原因。經濟學家阿馬蒂亞．沈恩（Amartya Sen）在他的代表性巨著《貧窮與饑荒》（*Poverty and Famines*）中說道：「挨餓，是『某些人』沒有充足食物可吃的特徵，而不是『當地』沒有充足食物可吃。」國家的政經制度如果服務腐敗的少數人，而不是群衆，最需要食物的人往往得不到食物。在此同時，身處美國的我們，卻丟掉所購買的四成食物，是不是很驚人？

這下糟了！處理貪腐的問題，遠比空運食物難上許多。所以，就算你的確找到問題的根本原因，可能還是會被卡住。不過，我們即將在本章看到，有時奇蹟會發生，並且帶來驚人效益。

美國犯罪率持續下降的原因？

在《蘋果橘子經濟學》中，我們檢視了美國犯罪的增減原因。一九六〇年，美國犯罪突然飆升。到了一九八〇年，謀殺率增加一倍，達歷史新高。有好幾年的時間，犯罪率維持在危險高點，但在一九九〇年代初期，犯罪率開始下降，而且是持續下跌。發生了什麼事？

人們提出大量的解釋，在我們的書中，我們利用實證檢視其中幾項解釋。下列是兩組可能的解釋，一組對犯罪率的下降造成重大影響，另一組沒有。你猜得到哪組有用，哪組沒用嗎？

A.	B.
更嚴格的槍枝管制法	更多警察
經濟高漲	更多人入監服刑
更多死刑	快克古柯鹼市場衰退

嗯，兩組解釋聽起來都滿有可能的，對不對？事實上，除非你捲起袖子，開始計算某些數據，否則幾乎不可能知道正確答案。數據怎麼說？

A組因素聽起來很有道理，但對犯罪率的下降沒有貢獻。什麼？這也許讓你嚇了一跳。槍枝謀殺案變少了？一開始思考這問題時，你心想：嗯，一定是因爲那堆嚴格的新槍枝法。直到你檢視數據，發現多數利用槍枝犯罪的人，幾乎完全不受現行槍枝法的影響。

你可能也會覺得，一九九〇年代活躍的經濟，應該也有所助益。然而，歷史數據顯示，景氣循環與暴力犯罪之間的關聯，出乎意料地弱。事實上，二〇〇七年發生經濟大衰退時，專家們異口同聲警告，我們長期以來美好的低犯罪率已經結束。但那樣的事，並沒有發生。二〇〇七年至二〇一〇年之間，也就是經濟最不景氣的那幾年，兇殺案多下降了一六%。今日的兇殺率，不太眞實地低於一九六〇年代。

至於另外的B組因素：更多警察、更多人坐牢、快克市場衰退，的確對犯罪率下降有所貢獻。但是，當我們相加這些因素的累計影響時，它們依舊無法全然說明犯罪率的下降，我們想：一定還有別的東西。

讓我們更仔細看一下B組因素。它們是否解決犯罪的根本原因？其實並沒有。它們或許可以稱爲「現在式因素」，雇用更多警察、把更多人送進監獄，當然可能減少短期的罪犯供給，但長期的供給怎麼說？

我們在《蘋果橘子經濟學》找到那個空白因素：一九七〇年代初期墮胎的合法化。這個理論聽起來很刺耳，但很容易理解：隨著合法墮胎率的上升，表示不被人期待的孩子更少出生，這代表有更少孩子在犯罪可能性增加的艱困環境中成長。

考量到美國墮胎史的發展——這是少數幾個同時引發道德與政治高度焦慮的議題，我們這項理論注定同時讓反對與贊成墮胎的人士尷尬。然而，我們鼓起勇氣面對叫囂。

有趣的是，我們的主張，並未引來太多痛罵我們的郵件。爲什麼？最大的可能性是讀者很聽明，大家了解我們認爲墮胎是犯罪率下降的原理，而不是眞正的根本原因。所以，根本原因是什麼？很簡單：太多孩子在導致他們犯罪的糟糕環境中成長。在墮胎法通過後的第一代成年時，他們當中比較少人孩童時代在那樣的環境中成長。

直視著根本原因，可能令人不舒服、甚至很嚇人，那也許就是我們通常選擇迴避的原因。相較於什麼樣的父母適合養育孩子這種棘手問題，主張警察、監獄、槍枝法的影響，會把事情變得容易許多。然而，如果你想要有意義地討論犯罪問題，一個合理的出發點，就是談論愛孩子的良好雙親的好處，他們會努力給孩子一個安全、有意義的生活。

雖然那可能不會是輕鬆的對話，但如果你肯處理根本原因，至少是在對抗眞正的問題，而不是和影子打架。

德國新、舊教徒，誰賺的錢比較多？

往前追溯一、兩個世代，以求了解問題的根本原因，聽起來是件大工程。然而，就某些案例而言，一個世代幾乎只是一瞬間。

假設你是德國工廠的工人，値班後和朋友坐下來喝酒。你們對自己的經濟狀況感到沮喪，雖然全國經濟欣欣向榮，但你和鎭上其他每個人似乎都在原地踏步，而幾個鎭以外的地方，似乎過得比你們好太多。爲什麼會這樣？

為了找出原因，我們必須一直回溯至十六世紀。一五一七年，心情苦悶的年輕德國牧師馬丁．路德（Martin Luther），蒐集了九十五項對羅馬天主教會的不滿。其中，他特別不滿的一項是教會出售贖罪券，也就是教堂靠著寬恕捐錢大戶的罪來募款——路德先生如果出生在今天，大概也會大聲抗議對沖基金與私募股權公司的課稅方式。

路德大膽的舉動，開啓了宗教革命。德國當時由一千多個獨立邦國組成，每一個都有自己的王侯或小君主。有些領導人追隨路德，擁抱新教；有些則依舊效忠舊教。這項分裂在全歐洲持續了數十年的時間，通常伴隨著血流成河的場面。一五五五年，出現了一項暫時性協議：奧格斯堡和約（Peace of Augsburg），這讓德國的各諸侯，得以自由選擇自己的領地要信哪派宗教。此外，如果舊教家庭居住在諸侯選擇新教的領地，這項和約允許他們自由遷徙到舊教地區，新教家庭也可以搬到新教地區。於是，德國就此成為一塊宗教拼布。舊教在東南與西北一帶依舊興旺，新教則在中部與東北部興起，其他地方則新舊共處。

我們把故事快轉到四六〇年後的今天。年輕的經濟學家約格．史班庫（Jörg Spenkuch）發現，如果把一張現代德國地圖，覆蓋在十六世紀的德國地圖上，便可看出宗教拼布至今大致仍是從前那樣：過去的新教地區，現在依舊是主要新教區；從前的舊教地區，今日依舊主要信舊教——除了前東德，因為無神論在共產時期普及。幾百年前，諸侯們的選擇，至今依舊留下重大影響。

可能你不覺得這很令人意外；畢竟，德國一直是擁有深厚傳統的國家。然而，史班庫在玩地圖時，還發現令他眞正嚇一跳的事。現代德國的宗教拼布，也與有趣的經濟拼布重疊：住在新教區的人，賺的錢比舊教區多。雖然不是很多，大約一%，但明顯有差異。假設你是德國人，如果你居住地區的前代王侯，當年選擇站在舊教那邊，和他選擇追隨馬丁・路德比較起來，今天的你將較爲窮困。

怎麼解釋這樣的收入拼布？當然也有「現在式因素」，或許是較高所得者接受較多教育，或締結更好的婚姻，也可能是住得比較靠近大城市、找到一份高薪工作。然而，史班庫分析相關資料後，發現前述這些因素都不能解釋收入差距，只有一個因素可以，那就是宗教本身。他的結論是，住在新教區的人賺得比舊教區的人多，只因爲他們是新教徒！

什麼？難道要怪罪某種宗教裙帶主義嗎？新教徒老闆把比較好的工作，留給新教徒工作者？顯然不是。事實上，數據顯示，新教徒的時薪不比舊教徒高，但他們賺的總收入依舊比較高。那麼，史班庫如何解釋新、舊教徒之間的收入差異？

他找出三大原因：

1. 新教徒的每週工作時數通常比舊教徒多。
2. 新教徒比舊教徒更可能是自雇工作者。
3. 新教徒女性比舊教徒女性更可能全職工作。

看來，史班庫找到了活生生的新教工作倫理證據，那個理論於一九〇〇年代初期，由德國社會學家馬克斯．韋伯（Max Weber）提出。韋伯主張，資本主義在歐洲起飛的部分原因，是新教徒擁抱世俗概念，將勤奮工作視爲自身神聖使命的一部分。

那這些對正坐在啤酒屋裡，麻痺自己的經濟煩惱、心存不滿的工廠工人來說，代表了什麼含義？不幸的是，不太有意義。對他們來說，事情大概已經太遲，除非他們想重振生命，開始更努力工作。但是，至少他們可以督促自己的孩子，學習幾個鎮外辛勤工作的新教徒*。

美國黑人罹患心臟病和高血壓的機率，爲什麼比較高？

一旦你開始透過長焦距看世界，你會發現許多現代行爲的例子，受到幾世紀前的根本原因驅使。舉例來說，爲什麼相較於其他地方，義大利的某些市鎮，更可能參與公民與慈善活動？有些研究人員主張，那是因爲在中世紀時，這些市鎮是自由城邦，而不是由諾曼領主統治的地區。這種歷史上的獨立性，顯然孕育了對公民制度的持久信任。

鏡頭轉向非洲，某些國家掙脫殖民地身分、重獲獨立後，有的歷經殘忍內戰與猖獗腐敗，有的則沒有，爲什麼？曾有兩位學者發現，答案可追溯到多年以前。十九世紀，歐洲強權開始瘋狂「瓜分非洲」（Scramble for Africa）時，他們在遠處看著地圖，切割出現存版圖。在劃分新國界時，他們主要思考兩件事：陸塊與水。住在這些地方的非洲居民，並不是殖民者的主要考量，因爲對他們而言，非洲人每個人看起來都長得差不多。

如果你是在切櫻桃派，這種方法也許有道理。然而，如果是在切分大陸，那麻煩可就多了。新劃分的殖民疆界，通常讓原本和睦的大族群分崩離析。突然間，族群的某些成員成爲新國家的居民，有些則成爲他國居民，而且通常會和另一個原先相處不融洽的不同族群劃在一起。雖然族群間的糾紛，通常會被殖民統治者鎮壓，但當歐洲人最後返回歐洲時，由原先不和睦的族群所組成的非洲國家，遠遠較可能陷入戰爭。

同樣地，殖民主義的傷疤，也依舊困擾著南美。在祕魯、玻利維亞、哥倫比亞找到金銀的西班牙征服者，把當地人民當成奴隸，綁在礦場工作。那會造成什麼長期效應？有好幾位經濟學家發現，這些礦區的人們到了今天，依舊比他們的鄰居貧窮，他們的孩子也比較不可能接種疫苗或就學。

此外，還有另一個奇特的案例也是，在這個案例中，奴隸制的影響貫穿歷史。哈佛經濟學者羅蘭・佛萊爾（Roland Fryer）平日致力於縮減黑白人種間的教育、收入與健康差距。不久前，他試圖理解爲什麼白人會比黑人多活幾年，有件事很明顯，那就是心臟病。心臟病同時是白人與黑

＊但我們要替德國舊教徒說句話：史班庫一項新的研究計劃主張，新教徒投票給納粹的機率，大約是舊教徒的兩倍。

照片來源：布朗大學約翰・卡特・布朗圖書館
（John Carter Brown Library at Brown University）

人史上最大死因，但這種病在黑人間遠遠較爲常見，爲什麼會這樣？

佛萊爾計算各式各樣的數據，但他發現明顯的刺激因子，如飲食、抽煙，甚至是貧窮等，都無法解釋這種整體差距。然後，他找到或許可以解釋的一件事。佛萊爾恰巧看到一張古老插圖，標題是「英格蘭人嚐非洲人的汗」，圖中的西非奴隸商人，看起來正在舔一名奴隸的臉，爲什麼他要做這種事？

一種可能是，他正在用某種方法檢查那名奴隸是否得病，不想讓他污染其他人。佛萊爾猜想，奴隸商人是否在檢測奴隸的「鹹度」，那是汗嚐起來的味道。如果是的話，爲什麼要這麼做？答案有沒有可能解答他正在解決的大議題？

把奴隸從非洲送到美洲的海上之旅十分漫長，而且慘絕人寰，許多奴隸中途死亡，其中脫水是主因。佛萊爾好奇，什麼樣的人比較不可能脫水？答案是「鹽敏感性」（salt sensitivity）高的人。如果你有辦法留住更多鹽分，就有辦法留住更多水，也比較不可能死於奴隸貿易途中。所以，或許圖中的奴隸商人想找出鹽敏感性較高的奴隸，以確保自己的投資。

佛萊爾本身是黑人，他把這個理論告訴哈佛的同事大衛・卡特勒（David Cutler），卡特勒是傑出的健康經濟學家，是個白人。聽完這個理論，卡特勒的第一個念頭是「這瘋狂至極」，但深入檢視後有其道理。事實上，部分早期醫學研究也有類似主張，不過引發了相當大的爭議。

佛萊爾開始拼湊不同線索。他表示：「你可能會以爲能活過這種旅程的人，大概非常健康，所以預期他們壽命較長。然而事實上，用這種特殊機制篩選出來的人，雖然可以撐過奴隸航程那樣的苦難，但在對抗高血壓及相關疾病而言則相當不妙。而且，鹽敏感性是高度遺傳特徵，意思是你的後裔（也就是美國黑人）很可能得高血壓，或是罹患心血管疾病。」

佛萊爾進一步尋找或許能支持這個理論的證據。美國黑人得高血壓的機率，大約比美國白人高五〇%。再一次，這可能是因爲飲食與收入等方面的差異，那麼其他黑人人口的高血壓率又是多少？佛萊爾發現，加勒比海黑人的高血壓率也比較高，他們是另一群以奴隸身分從非洲被送往美洲的人口。但佛萊爾發現，現居非洲的黑人，在統計上和美洲白人不可分辨。雖然這些證據算不上全面，但佛萊爾相信奴隸貿易的篩選機制，正是非裔美國人死亡率較高的根本原因。

你想像得到，佛萊爾的理論並不廣受歡迎。許多人對談論基因的種族差異，感到渾身不自在。「有人寫電子郵件給我：『你沒發現這個理論層層放大的『滑坡謬誤』（slippery slope）嗎?!你有發現這種主張的危險之處嗎？』」

新出爐的醫學研究可能證明，這個鹽敏感性理論甚至根本不正確。但如果正確，即使只是小方法，也能帶來巨大的潛在益處。佛萊爾說：「這表示我們可以採取行動，如使用幫助身體排除鹽分的利尿劑。那是一小片很常見的藥物。」

生吞細菌發現的事實

你可能會以爲，像醫學這種強烈具備科學方法與邏輯的領域，所有根本原因都能被清楚掌握。不幸的是，你可能錯了。人體是複雜的動態系統，很多東西依舊不爲人知。醫學史學者羅伊．波特（Roy Porter）在不是太久以前的一九九七年寫道：「我們活在科學的年代，但科學並沒有消除關於健康的幻想；疾病的汙名、醫療的道德意義依舊存在。」結果就是，直覺往往被當成信條，傳統看法欣欣向榮，即使沒有數據佐證。

想想潰瘍，基本上，那是你的胃或小腸上造成灼燒痛感的洞。在一九八〇年代初期，潰瘍的原因據說已經一清二楚：要不就是遺傳來的，要不就是心理壓力與辛辣食物所造成的，這兩種原因都有可能造成胃酸過量。這對這輩子吃過墨西哥辣椒的人來說，似乎言之成理。而且，所有醫生都能作證，有出血潰瘍的病患很可能壓力過大——醫生也能輕鬆表示，被槍擊的人通常流很多血，但那不代表流血造成槍傷。

由於前述這些潰瘍的成因找到了，因此治療的方法也找到了。病患被建議要放輕鬆（以減少壓力）、喝牛奶（以安撫胃部），並服用善胃得（Zantac）或泰胃美（Tagamet）藥片（以抑制製造胃酸）。效果如何？寬鬆來講：普普通通。

這種療法的確幫助病患減少疼痛，但情況未被治療，而且潰瘍不只是讓人疼痛的惱人疾病而已，還很容易因腹膜炎而致命（成因是胃穿孔），或是造成出血併發症。有的潰瘍需要動大手術，還會伴隨併發症。

雖然潰瘍病患並未因標準療法獲得大幅改善，但醫藥界倒是過得還不錯。數百萬病患需要胃腸科醫師與外科醫師不間斷的服務，藥廠大發利市：制酸劑泰胃美與善胃得，是第一個眞正暢銷的藥物，一年創造超過十億美元。到了一九九四年，全球潰瘍市場價值超過八〇億美元。

過去，部分醫學研究人員可能已經建議過，潰瘍及其他胃部疾病，包括癌症等，有不同的根本原因，甚至可能與細菌有關。然而，醫學機構很快就指出，這種理論明顯有缺陷：細菌怎麼可能在胃的強酸大鍋中存活？因此，原來的潰瘍治療大軍，依舊暢行無阻。沒有誘因讓人著手找到眞正的治療方式，至少對事業靠著這種療法的人來說沒有任何誘因。

幸運的是，這個世上還有別種人。一九八一年，有個年輕的澳洲住院醫師，名為巴里・馬歇爾（Barry Marshall）。他正在尋找研究計劃，也才剛被調到皇家佩思醫院（Royal Perth Hospital）腸胃科，那裡有名資深病理學家碰上一個謎團。如同馬歇爾後來描述：「我們有二十名胃裡有細菌的病患。胃裡不該出現細菌，因爲有太多胃酸。」那名資深醫生羅賓・沃倫（Robin Warren），正在找年輕研究人員幫忙「找出這些人出了什麼問題？」

那種歪七扭八的細菌，長得像曲狀桿菌（Campylobacter），常和雞隻待在一起的人士可能感染。但是，這些人類細菌眞的是曲狀桿菌嗎？可能造成什麼樣的疾病？爲什麼都集中在胃部出問題的病患身上？

當時，馬歇爾已經很熟悉曲狀桿菌，因爲他父親是雞肉包裝工廠的冷凍工程師，而他母親是護士。馬歇爾接受令人敬重的醫療新聞人員諾曼・斯旺（Norman Swan）訪問時，表示：「我們經常爭論醫學上什麼才是眞的。我母親『知道』一些事情，因爲那是民俗療法，而我會說：『那是以前的東西，沒有事實依據。』她會說：『沒錯，巴里，但人們已經那樣做了幾百年。』」

馬歇爾對於自己接手的謎團感到興奮，他用沃倫醫生的病患提供的樣本，試著在實驗室裡培養那些歪七扭八的細菌。他失敗了好幾個月，在一場意外後終於成功——細菌比預定時間被多留在保溫箱三天。那不是曲狀桿菌，是一種不爲人知的細菌，自此被稱爲「幽門螺旋菌」（Helicobacter pylori）。

馬歇爾回憶道：「在那之後，我們從許多人身上培養出這種細菌。我們可以說：『我們知道哪種抗生素可以殺死這種細菌』。我們找出它們如何在胃部存活，而且用試管東嘗西試、做各種有用的實驗……。我們沒有在找潰瘍的成因，我們只想知道這是什麼細菌，好好地小小發表一下，應該會很有趣。」

他們倆繼續在因胃病前來求助的病人身上，尋找這種細菌。兩位醫師很快就有驚人發現：十三個罹患潰瘍的病患，十三個有這種歪七扭八的細菌！該不會幽門螺旋菌不只是剛好出現在這些病患身上，實際上就是造成潰瘍的原因？

馬歇爾回到實驗室，試著讓老鼠與豬染上幽門螺旋菌，看看牠們會不會出現潰瘍——結果沒有。「所以我說，我得在人體身上做實驗。」

馬歇爾決定，那個人就是他自己。他決定不要告訴任何人，就連太太和沃倫也不能說。首先，他取下自己胃部的活體組織切片，確認自己身上還沒有幽門螺旋菌——檢查通過！接著，他吞下自己從病患身上培養出來的細菌，在心中想好兩種可能：

1.他會得潰瘍。「然後，哈利路亞！證實了！」

2.他不會得潰瘍。「如果什麼事都沒發生，那我迄今兩年的研究都白做了。」

馬歇爾大概是史上唯一一個，從根本造成自己得潰瘍的人。他知道如果他得了，症狀可能要數年時間才會出現。然而，他吞下幽門螺旋菌才五天，就開始嘔吐——哈利路亞！十天過後，他再次採集自己的胃部切片，結果「細菌到處都是」。馬歇爾已經得了胃炎，馬上就要得到潰瘍，他服用抗生素幫忙掃除細菌。他和沃倫的研究證實，幽門螺旋菌是潰瘍的眞正成因，而且進一步的研究將顯示，那也是胃癌的原因，那是驚人的突破。

當然，隨之而來的，是衆多測試，以及醫學界的強大阻力。馬歇爾受到各式各樣的嘲弄與揶揄，不被當成一回事——我們眞的要相信，某個異想天開的澳洲人，有可能發現潰瘍的成因？方法是他呑下自己發現的某種細菌？沒有八〇億美元的產業會開心自己存在的理由被攻擊——胃不舒服，不需要一輩子看醫生，也不需要善胃得或動手術？只需要服用一劑便宜的抗生素，就可以戰勝？

這個潰瘍成因的證明，花了數年的時間，才完全站住腳，因爲傳統看法很難消失。即使在今天，許多人依舊相信，潰瘍是壓力或辛辣食物所造成。幸運的是，醫師們現在有更多的了解，醫學界終於承認當每個人都忙著治療潰瘍的症狀時，馬歇爾與沃倫則發現了根本原因，兩人也在二〇〇五年榮獲諾貝爾獎。

潰瘍眞正成因的發現，雖然令人驚異，但那只是一場剛開始展開的革命的一小步，那是一場致力於找出疾病的根本原因、不是只想趕跑症狀的醫學革命。

便便的神奇力量

然而，幽門螺旋菌不是什麼孤狼型的細菌恐怖分子，不知怎的通過安檢，入侵胃部。近年來，勇於探索的科學家，得到推動DNA定序的新型強大電腦輔助，發現人類腸道內住著數千種微生物，有些好、有些壞，有些則視情況時好時壞，而且許多微生物的本質都還有待了解。

那麼，我們體內住著多少微生物？有人估計，人體內的微生物細胞數，是人類細胞數的十倍，也就是數兆，也有可能是千兆。這種生物學家強納生・艾森（Jonathan Eisen）口中的「微生物群」數量龐大，有些科學家視之爲人體最大器官。許多人類健康或不健康的基本原因，可能就藏在那團迷霧當中。

世界各地的實驗室裡，研究人員已經開始探索，這個到處都是的微生物大池子的成員（許多具有遺傳性），是否可能要爲癌症、多發性硬化症和糖尿病等疾病負責，甚至是肥胖與精神疾病？仔細想想，這是不是很荒謬？某個已經困擾人類千年的疾病，可能是因爲某種微生物出了問題，而那個微生物從頭到尾都在我們的腸子裡快樂游泳？

或許吧。就像從前的潰瘍醫師還有藥廠主管，覺得馬歇爾的論點荒謬絕倫那樣。

的確，現在還只是微生物探索的早期階段。腸子依舊是新領域，就像海床或火星表面那樣，不過相關研究已經有所進展。已經有一些醫生靠著輸入健康腸菌，成功治療病患的腸道疾病。那些健康腸菌來自何方？如何被輸進病患的腸中？在繼續看下去之前，我們要提醒你兩件事：

1. 如果你現在看這本書，剛好一邊在吃東西，你也許想先休息一下。
2. 如果你讀這本書的時候，已經是本書寫成很多年以後的事（假設到時候依舊有人類，而且他們依舊讀書），接下來要說的事，可能會聽起來如野蠻人般原始。事實上，我們希望未來的確如此，因爲那表示這種療法被證實很有益處，但已經改良施行方式。

好了！所以說，假設有一個生病的人，需要輸入健康腸菌，可以從哪裡取得來源？部分醫生和澳洲腸胃科醫師湯瑪斯・博羅迪（Thomas Borody）一樣，從馬歇爾的研究得到靈感，找到了一個答案：人類糞便。

是的！健康人士充滿微生物的糞便，或許可以治療腸菌被感染、遭到破壞或不完整的病患。從「捐贈者」那裡得來的糞便，被混入鹽水混合物中——根據一位荷蘭腸胃科醫師的說法，那看起來很像巧克力牛奶。混合物被輸進病患的腸子裡，通常透過灌腸的方式。近年來，醫生發現，糞便植入物可以有效消除抗生素無法處理的腸道感染。在一項小型研究中，博羅迪宣稱利用糞便植入物，有效治療罹患潰瘍性大腸炎（ulcerative colitis）的人士。根據他的說法，這種病「先前是無法治療的疾病」。

不過，博羅迪不只治療腸道疾病。他宣稱已經成功利用糞便植入物，治療多發性硬化症和帕金森氏症。博羅迪謹慎表示，的確還需要更多研究，但根本原因可能就活在人類腸道的疾病，近乎無窮無盡。

博羅迪與一小群和他想法類似的人——那些相信「便便力量」的人士，對他們來說，我們正站在醫學新世紀的開端。博羅迪認爲，糞便治療的效益「等同發現抗生素」，但必須先克服許多質疑。他說：「嗯，我得到的反饋，非常像馬歇爾得到的反饋。一開始我被排斥，即使到現在，我的同事依舊拒絕談論此事，也不願意和我一起參加研討會。雖然這種情況正在改變，開始有很多人請我參加全國性與國際型研討會，談論糞便移植的事，然而厭惡之情永遠存在。如果我們能想出一種聽起來不像糞便的療法，事情大概會好上許多。」

的確可以想像，許多病患一聽到「糞便移植」，或是研究人員在學術期刊上寫道「糞菌移植」（fecal microbiota transplantation），便退避三舍。有些醫生用的俚語，也好不到哪裡去——「大便交換」（shit swap）。所幸，博羅迪執行這個做法多年後，相信自己終於想出一個不那麼令人困擾的名稱。

「是的，」他說：「我們稱爲『便』位移植（transpoosion）。」

5 像個孩子般思考

看到這裡，你可能正在問自己：有沒有搞錯？便便的力量？吞下滿滿一燒杯危險細菌的傢伙，還有前面提過十二分鐘內吞下一年份熱狗的人？這本書還可能更幼稚一點嗎？難道「蘋果橘子思考術」，其實只是用比較好聽的名字來講「像個孩子般思考」？

嗯，不完全是。不過，說到要激發點子與問問題時，如果你擁有八歲孩子的心智，可能會帶來豐碩成果。

想想孩子會問的問題。當然，有些問題可能很笨、很簡單，或是天馬行空。然而，孩子有無窮的好奇心，而且相對而言，比較沒有偏見。他們因爲知道的東西很少，所以不會像一般成人那樣，懷有很多妨礙人們看清事物本質的成見。

想要解決問題時，這是很大的優勢，因爲先入爲主的想法，會使我們排除大量的可能解決方式，就只因爲那些方法聽起來不太可能成眞，或是令人反感、不符合常識、從來沒人試過、好像不夠高招*。千萬別忘了，最後指出國王的新衣其實是沒穿衣服的人，就是孩子。

孩子不怕分享自己最天馬行空的點子。只要你能分辨好點子與壞點子的差別，提出一大堆點子，甚至是奇奇怪怪的念頭，完全是一件好事。提出點子時，經濟學的「自由丟棄」(free disposal)概念是關鍵。想出糟糕的點子嗎？沒關係，只要別付諸行動就行。

當然，分辨點子的好壞並不容易。對我們而言，一個有用的祕訣是冷靜期。當點子剛被孵化時，乍看之下幾乎總是很不錯，所以我們至少會等上二十四小時，才執行新點子。有些點子驚人地只不過才在陽光下待了一天，就整個臭掉。最後，你可能會發現在二十個點子裡，只有一個值得試試看。但除非你願意像個孩子一樣，脫口說出所有在腦袋打轉的東西，否則你可能永遠都得不出那唯一一個。

所以，要解決問題時，引出你內心的孩子，將可發揮很大的用處。這一切，都從「小思考」開始。

小思考的學問

如果你碰到某個自詡爲思想領袖或知識分子的人，最崇高的讚美就是稱他爲「偉大的思想家」。去吧！去試試看，然後看著對方因驕傲而自我膨脹。如果他沾沾自喜，我們幾乎可以向你保證，他對於「蘋果橘子思考術」毫無興趣。

「蘋果橘子思考術」意味著小思考，而非大思考。爲什麼？首先，每一個大問題，都已經被比我們聰明的人思考過無數遍。如果一個問題依舊是問題，那代表它難到無法全面攻破。這樣的問題難以對付、複雜到令人絕望，充滿著牢不可破、人人利益不一的誘因。當然，世界上有眞正非常傑出的人，他們應該要著眼於大思考。然而，對於剩下的我們而言，大思考則意味著你大概花了很多時間在「狗吠火車」。

雖然小思考並不會讓你和一般的大思想家一樣，贏得許多分數，但我們的方式至少有幾個知名的擁護者，例如牛頓爵士（Sir Isaac Newton）就是其中一人。他寫道：「解釋大自然的一切，對任何人來說，甚至是對任何時代來說，都是太困難的任務。最好踏出確定的一小步，把剩下的留給後來的人，而不要靠著推測來解釋一切事情，這樣什麼都無法確定。」

或許我們倆有偏見，或許我們相信小思考的力量，只因爲我們的大思考做得很差。我們沒有差點解決過任何一個大問題，我們只在邊緣東啃一點、西啃一點而已。無論如何，我們的結論是，最好是問小問題，而不是問大問題。下列是幾點理由：

＊我們甚至不確定，「高招」（sophistication）是否是值得追求的目標？這個字源自希臘文的「詭辯家」（sophists）。一位學者寫道，那個字的意思是「四處跑、聲譽不佳的哲學與修辭學教師」，他們「更關心的是贏得辯論，而不是得出眞相。」

1. 本質上來說，小問題比較少被人問起，也比較少被研究，或許根本沒人碰過。它們是眞知的處女地。
2. 既然大問題通常是混成一團的一堆小問題，相較於施展宏大的解決手法，著手解決大問題的一小部分，將帶來更多進展。
3. 任何改變都是一件很困難的事，但讓小問題發生改變的可能性，高過大問題。
4. 大思考本身是一種不準確的事，甚至是在猜測。小思考帶來的獎勵可能比較少，但至少相對而言，你能確定自己在說什麼。

前述這些聽起來都非常有道理，但眞的有用嗎？

我們希望，我們過往的紀錄意味著有用。我們對解決全世界的車禍死亡苦難，沒有做出太多貢獻，但我們的確強調了一種先前被忽視的高風險行爲：喝酒走路。我們沒有攻擊企業監守自盜這個大問題，而是透過華盛頓一對夫婦的貝果外送小公司資料，學到人們會在上班時偷竊的因素，例如壞天氣、壓力大的節日等。我們沒有做任何事解決兒童死於槍下的悲劇，但我們找出一個威脅甚至更大的兒童殺手：後院的游泳意外。

相較於其他志趣相投的小思考者，我們這些小小的成功，看起來更加無足輕重。全世界已經花了數兆美元想要改革教育，錢通常主要花在以某種方式重新打造體系，例如更少的班級人數、更優良的課程、更多的測驗等。然而，如同我們在前文已經提過，教育體系的「原料」通常被忽視，也就是學生本身。有沒有可能有一些簡單又便宜的小小辦法，就可以幫助數百萬學生？

舉例來說，四分之一的孩子視力不佳，高達六〇%的「問題學習者」看不清楚。如果你看不清楚，就會讀不清楚，那會讓上課難上加難。即使是在美國這種富裕國家，視力篩檢也通常不太嚴格，很少人研究視力不佳與課業表現之間的關聯。

保羅・葛雷文（Paul Glewwe）、朴之水、趙萌這三位經濟學家，恰巧在中國遇到這個問題，他們決定親自在貧窮偏遠的甘肅省做一些研究。在約莫兩千五百位需要戴眼鏡的四、五、六年級生中，只有五十九人戴眼鏡。因此，這三位經濟學家做了一項實驗，提供一半學生免費的眼鏡，另一半的學生則和往常一樣。一副眼鏡的成本大約是十五美元，由世界銀行（World Bank）的研究補助出那筆錢。那麼，新戴上眼鏡的學生表現如何？戴了一年之後，他們的考試成績顯示，相較於視力未矯正的同學，他們多學了二五%到五〇%。這一切，都要感謝那一副十五美元的眼鏡！

當然，我們並不是在說，提供眼鏡給需要的學子，將可解決每個教育問題，完全不是那麼一回事。我們想強調的是，當你執著於大思考時，可能錯過的小問題就像這樣*。

*有趣的是，獲得免費眼鏡的中國孩子，大約有三成不想接受。有些孩子擔心很早就開始戴眼鏡，最終會耗損他們的視力。另外，他們也害怕被嘲笑。幸好「四眼田雞」的汙名，在其他地方已經徹底改變，特別是在美國。美國的藝人明星，還有頂尖運動員，會戴上非處方箋的裝飾用眼鏡，純粹只當成流行配件。有人估計，有數百萬美國人經常性戴著這種沒有度數的平光眼鏡。

答案也許就在最明顯的地方

下列是「像個孩子般思考」的另一項基本原則：不要害怕顯而易見的事。

我們倆有時會受邀到公司或組織開會，因爲對方想請外人協助處理某種問題。當我們走進去時，通常對他們的事務運作一無所知。在多數的例子裡，如果我們最後派上用場，那會是源自我們踏進去頭幾個小時的點子：在那段時間，我們從全然不知情，開始問內部人士永遠不會屈尊去問的問題。就像許多人不願意說「不知道」，他們也不想顯得單純無知，所以不願意問簡單的問題，或是評論藏在顯眼地方的東西。

我們先前提到的「墮胎—犯罪研究」，源自《美國統計摘要》（*The Statistical Abstract of the United States*）中一組簡單數字的簡單觀察，這是一本經濟學家會一邊翻閱、一邊微笑的書。那組數字說了什麼？沒說什麼，只說美國在十年內，從少有墮胎案例變成一年大約一六〇萬次，主要是因爲「羅訴韋德案」（Roe v. Wade），最高法院判決墮胎在美國五十州全部合法。

一般的聰明人，看到這個高峰後，可能會立刻跳到相關的道德或政治衍生議題。然而，如果你與內心的孩子保持接觸，你的第一個念頭可能是：哇！不管是什麼東西，一六〇萬是很大的數字。所以……那一定影響了某些事！

如果你願意面對明顯的事物，最後你將提出許多別人不會問的問題——那個四年級學生說起話來很聰明，但爲什麼黑板上的問題，連一題都答不出來？當然，酒駕很危險，那喝酒走路呢？如果潰瘍是由壓力與辛辣食物造成，爲什麼有些人沒什麼壓力，飲食也很清淡，卻依舊得到潰瘍？

愛因斯坦（Albert Einstein）喜歡講一句話：**應該讓每件事盡量簡單，但不是簡化事情**。這句話一針見血地指出困擾現代社會的衝突：對於眾多科技與發展的複雜流程，我們心存感謝，但我們也對它們的無遠弗屆感到眼花繚亂。**人們很容易被複雜事物誘惑，但簡單也有好處**。

讓我們暫時回到馬歇爾的故事，那位勇敢吞下細菌、破解潰瘍密碼的澳洲英雄。你大概還記得，他的父親是冷凍工程師，曾在雞肉包裝工廠、捕鯨船上等地方工作。馬歇爾回憶道：「我們家的車庫永遠有乙炔、氧乙炔、電動工具和機器。」他們家曾經住在廢金屬場附近，有很多軍隊遺留下來的東西。馬歇爾會興致勃勃地把很多東西拖回家，他說：「你可以找到舊魚雷、漂亮的小馬達、高射砲……你會坐在那裡轉動把手。」

在馬歇爾念醫學院時，他發現，多數同儕來自爸媽不是主管就是律師的家庭，也被期望培養成擁有更好的成就。馬歇爾說，他大部分的同學：「從來沒有機會玩電子裝置或各種管線，還有壓力裝置等。」當他們需要電擊青蛙時，他的實作技巧廣受歡迎。

這樣的不同，也讓馬歇爾對人體抱持不同看法。不用多說，醫學的歷史淵遠流長，偶爾還光輝燦爛。然而，醫學似乎全然擁抱科學的同時，也依賴神學、詩歌，甚至是巫術，因此身體時常被視爲上天的容器，由某種神祕的人類靈魂賦予生命。從這種角度來看，身體的複雜性非常廣泛，到達不可參透的程度。不過，馬歇爾則認爲身體比較像是依據機械、化學、物理的基本原則運作的機器——當然，這是部奇妙的機器。人體顯然比舊魚雷複雜，但還是可以拆開修理，在某種程度上再拼裝回去。

馬歇爾並沒有忽略一項明顯事實：他所有的潰瘍病患，都有滿肚子的細菌。先前的傳統看法認爲，胃部環境過酸，細菌無法在那裡欣欣向榮。然而，事實卻相反。馬歇爾說：「看見這些細菌的人都把它們沖掉，去看底下的胃部細胞，無視於布滿表面的細菌。」

所以，他問了一個漂亮的簡單問題：這些細菌究竟在這裡幹什麼？這麼做之後，他接著證實潰瘍不是人類精神的失靈，比較像是爆掉的墊圈，很容易就能夠修補好，如果你知道方法的話。

享樂可以是改變世界的力量

你可能已經注意到，我們所說的故事，都有一個共通脈絡。無論是尋找潰瘍的眞正成因、比賽吃熱狗，或是品酒的盲目測試，故事中的人士在學習新事物時，似乎都享受了一段好時光。採行「蘋果橘子思考術」的人喜歡樂趣，這是另一個該像孩子般思考的好原因。

孩子不畏懼自己喜歡的東西，當他們想打電動時，不會說想看歌劇。當他們眞正想做的是起身亂跑時，不會假裝喜歡開會。孩子愛自己的大膽，爲周遭世界感到著迷，無法停止追求樂趣。

但人類發展最奇怪的一點，就是多數人到了二十一歲生日時，這些美好特質會自動神奇消失。

在某些領域，享受樂趣事實上被禁止，甚至只是「看起來」在享受也一樣。其中一個領域是政治，學術界也是一樣。最近，有些公司開始遊戲化（gamification），讓事情變得有趣，但商業世界大部分的地方，依舊對樂趣過敏。

爲什麼這麼多人對享受樂趣這個概念，如此嚴厲皺眉？或許，他們害怕這暗示你不夠認真。但是就我們所知，「看起來認真」和「實際上擅長你所做的事」，兩件事並不相關。事實上，你也可以主張眞相是倒過來的。

近日流行研究「專家表現」（expert performance），人們希望找出是什麼讓人擅長自己所做的事。其中最引人注目的發現？「原始天分」被高估；換言之，達到卓越表現的人士，無論是打高爾夫、開刀或彈鋼琴，他們年輕時通常不是最有天分的那個人，但他們靠著無止境地練習技藝來成爲專家。你有可能無止境地練習你不喜歡的東西嗎？或許吧，但是我們兩個人都做不到。

爲什麼感受樂趣如此重要？因爲如果你熱愛自己的工作，或是你的行動主義、你和家人相處的時間等，你會想要更多。睡覺之前，你會想著它；一覺睡醒，你也會想到它。你的腦子永遠在轉動，當你這麼投入時，就會勝過別人，即使他們天生較具才華。

依據我們的個人經驗，年輕經濟學家與記者最好的成功預測指標，就是看他們是否完全熱愛自己所做的事。如果他們在工作時，就像是在做……嗯……一份工作，他們不太可能發光發熱。

但如果不知怎的，他們深深覺得跑迴歸分析或採訪陌生人，是這個世界上最有趣的事，你知道他們有機會出頭。

或許，最需要多一點樂趣的領域，是公共政策。想想政策制定者一般是如何試圖形塑社會？哄騙、威脅，或用徵稅方式讓人們有更好的行爲。這暗示著，如果某件事很有趣，如賭博、吃起司漢堡、視總統大選爲賽馬等，那一定是件糟糕的事。但事情不必如此，與其漠視想得到樂趣的衝動，何不利用樂趣促成更多好事？

想想這個問題：美國人不存錢這件事舉世皆知，個人儲蓄率目前約爲四％。我們都知道，爲了應急、準備教育費和退休金，存錢很重要。既然這樣，美國人爲什麼不存錢？因爲花錢比把錢鎖在銀行有趣許多！

在此同時，美國人一年大約花六百億美元買彩券。很難否認玩彩券很有趣，但很多人也視爲投資。近四成低收入的成人認爲，彩券是他們這輩子能得到一大筆錢的最佳機會。結果，低收入者把收入投注在彩券的比例，遠遠高於高收入者。

不幸的是，買彩券是一項很糟糕的投資。一般只拿出六成賭金當作獎金，遠低於賭場或賽馬賭注肯提供的比例。因此，你每「投資」一百美元彩券，就可預期輸掉四十美元。

但要是玩彩券的樂趣，可以變成某種幫助人們存錢的方法呢？獎金連動帳戶（prize-linked savings, PLS）就是這樣來的。原理如下：與其把一百美元拿去買彩券，不如把一百美元存在銀行帳戶。假設目前利率是一%好了，如果是獎金連動帳戶，你同意放棄這一小部分利息，如〇．二五%。這筆小小的利息，會和其他獎金連動帳戶的小小利息集在一起。做什麼用？當集合成一大筆錢後，定期送給某個隨機挑選的贏家，就像彩券一樣！

獎金連動帳戶不會提供數百萬美元的彩金，因爲錢來自利息，而非本金。但是，眞正的好處就在這裡：就算你從來沒贏過獎金連動帳戶的彩金，你原本存進去的錢和利息，還是會好好地待在你的銀行帳戶裡。那就是爲什麼有的人說，那是「沒有輸家的樂透」。「獎金連動帳戶」計劃，已經幫助全球各地的人存下錢，他們辛苦賺來的錢，並沒有因爲玩彩券被拋進水裡。密西根州一群信用合作社，最近聯合舉辦獎金連動試行計劃，命名爲「多存、多贏」（Save to Win）。第一位大贏家，是八十六歲的比莉．瓊．史密斯（Billie June Smith）女士，她只存了七十五美元，就贏得十萬美元的彩金。

只可惜，當美國有幾州正在試驗類似計劃的同時，獎金連動帳戶的熱潮並未橫掃全美國。爲什麼沒有？因爲大部分的州禁止獎金連動帳戶，那是某種形式的彩券，而州法一般只允許一個機構開辦彩券，那就是州政府自己——很棒的獨占權，如果你是獨占的那個人。此外，聯邦法目前也禁止銀行經營彩券。很難責怪政治人物想保有每年六百億美元彩券營收的專屬權。別忘了，玩彩券是很有趣沒錯，但州政府甚至享有更大的樂趣，因爲它永遠是贏家。

想想另一項更大的挑戰：替慈善計劃募款。一般的做法是利用令人心碎的懇求，如受虐兒或受虐動物的照片等，這讓人感覺募款的祕訣，好像是要讓人們愧疚到再也無法忍受。是否可能有別種方式？關於這個問題，第六章會有很好玩的答案。

人們熱愛賭博，似乎尤其喜愛線上賭博。不過，在本書寫作的同時，大部分可以贏到眞錢的線上賭博，在美國都是違法的。然而，美國人太愛賭博，有數百萬人花數十億眞錢，玩假的吃角子老虎、經營虛擬農場，即便連一毛錢也帶不回家。如果他們恰巧贏了，錢也都進了網站公司的口袋。

再想想這個問題：如果你願意花二十美元，玩假的拉霸遊戲或經營虛擬農場，你想要錢最後落入臉書或Zynga的手裡嗎？或者，你比較想把錢捐給你喜歡的慈善機構？如果美國癌症協會（American Cancer Society）提供線上遊戲，就跟你正在玩的遊戲一樣有趣，你會不會寧願讓錢跑到那裡？可以邊玩遊戲，邊讓這個世界變成更美好的地方，那豈不是更有趣？

我們最近利用了這項假設，協助成立SpinForGood.com網站。那是一個社群遊戲網站，大家可以和其他玩家競賽，如果贏了，網站收益會捐給他們喜愛的慈善團體。或許這不像把錢留給自己那麼好玩，但一定強過把自己贏來的錢放進臉書或Zynga的大桶子裡。

成人與兒童，誰比較好騙？

享受樂趣、從小處思考、不要害怕明顯的事……成人如果能保持這些孩子般的行爲，便會有很好的表現，至少我們如此認爲。但是，到底有多少證據顯示，這些理論眞的有用？

讓我們來考慮一種情境，一種儘管成人有多年的經驗與訓練，理當會比孩子具有優勢，但孩子依舊做得比較好的情境。想像一下，你是一位魔術師。如果你的魔術生涯，靠的是騙過成人或兒童觀衆，你會選誰？

明顯的答案是兒童觀衆；畢竟，成人對事物如何運作懂得多很多。然而，孩子其實更難騙，艾力克斯．史東（Alex Stone）說：「每個魔術師都會這樣告訴你。」史東的著作《騙倒胡迪尼》（*Fooling Houdini*）探討欺騙的科學，他表示：「當你開始認眞探討魔術、研究魔術的原理，也就是魔術愚弄我們的基本方式，你會開始問一些相當深層的問題。你知道的，比方說，我們如何感知現實？所感知到的東西，究竟有多少是眞的？我們的記憶有多可信？」

擁有物理碩士學歷的史東，本人當了一輩子的魔術師。他的第一場表演，是在自己的六歲生日派對上演出。他說：「那次不是很順利，我一直被指手畫腳，糟透了！我沒有準備好。」後來，他的技術進步了，而且在各式各樣的觀衆面前表演過，包括生物學、物理學，以及相關領域的頂尖學者。史東說：「你以爲科學家很難騙，但事實上，很容易騙過他們。」

史東的很多魔術，都和「雙翻」（double lift）有關，那是一種常見的手法。魔術師會同時拿兩張牌到觀衆面前，但是裝作只有一張的樣子。魔術師就是那樣讓你看「你的」牌，然後好像把牌插進牌堆裡，再讓牌出現在最上方。史東說：「那是一個力量驚人的手法，簡單，但令人深信不疑。」他表演過成千上萬次雙翻，他說：「我曾經被外行成人揭穿手法，也就是不是魔術師的人。在過去十年，大概有兩次吧！但有更多次，卻是被孩子揭穿。」

爲什麼孩子更難騙？史東舉出幾點理由：

1.魔術師會不斷引導、提示觀眾，要他們看自己想讓他們看到的東西。這讓成人特別容易受騙，因爲成人一輩子都被訓練要跟隨這樣的提示。史東說：「智力和好不好騙，沒有太大關聯。」

2.成人的確比孩子更能「專注」，一次專心在一件事上面。史東表示：「這有利於完成事物，但也容易讓你被誤導、影響。」孩子的專注力「較爲分散，所以較難愚弄」。

3.孩子不甩教條。「相對而言，他們不受這個世界應該如何運轉的假設及期待影響。」史東表示：「魔術就是在違反你的假設與期待，當你假裝洗牌時，孩子甚至沒注意到你在洗牌。」

4.孩子是眞心好奇。根據史東的經驗，成人可能會拚命想辦法揭穿一個手法，好讓魔術師下不了台。但孩子「是眞的想知道魔術是怎麼變的，因爲人還小的時候，就是會做這種事：試圖找出這個世界如何運作。」

5.就某方面來說，孩子就是比成人聰明。史東說：「我們的感官愈老愈遲鈍。我們大約在十八歲之後，注意到的東西就是沒那麼多。所以在表演雙翻時，孩子可能真的注意到一張牌與兩張牌放在一起，厚度有些微差異。」

6.思考魔術時，孩子不會想太多，成人則會尋找不明顯的解釋。史東表示：「聽聽那些人提出的理論！」他說，大部分的魔術都很簡單：「但大家會有最荒謬的解釋。他們會說：『你催眠我！』或是『你給我看紅心A的時候，那其實不是紅心A，但你讓我相信那是紅心A？』他們無法了解，你只是故意讓他們選到那些牌。」

史東指出，孩子還有最後一項優勢，那和他們如何思考無關，但可以幫助孩子破解魔術，那就是他們的身高。史東表演的大多是特寫魔術，他說：「你會想要平視，或是從上方觀看。」但孩子則會從下面抬頭看著魔術。「我喜歡把硬幣變來變去的魔術，那得把硬幣藏在手背。但如果孩子們太矮，他們可能就會看到。」

所以，孩子靠著身高接近地面的優勢，避開特別設計來讓人們從上面觀看的過程。除非你自己是魔術師，否則你永遠都不會發現這項優勢。**這是完美「蘋果橘子思考術」的範例：真正從新的角度看事情，有時可讓你得到解決問題的優勢。**

但我們不是在建議，你一切都該學八歲的孩子，那幾乎肯定會帶來更多問題，而不是更好的解決方式。然而，如果我們都把孩子般的直覺，偷渡一點到成人期，不是很好嗎？我們就會花更多時間說明自己的意思，並且提出自己在乎的問題，甚至可以稍微擺脫最有害的成人特質：假裝。

得過諾貝爾文學獎的以撒・巴甚維斯・辛格（Isaac Bashevis Singer）書寫過許多文類，包括童書。他在散文〈爲什麼我要爲孩子寫作〉（"Why I Write for Children"）中，解釋童書吸引人的地方。他寫道：「孩子讀的是書，不是評論。他們完全不在乎評論家。」他還說：「如果一本書無聊，他們會公然打呵欠，不會感到羞愧，也不害怕權威。」最棒的地方是——這讓全球的作家都鬆了一口氣，孩子「不會期待他們喜愛的作家救贖人性。」

所以，拜託大家，讀完這本書之後，請把它交給一個孩子。

6 就像給小朋友巧克力

三歲大的亞曼達，原本已經成功學會上廁所，但突然間又變得不會。貼紙與讚美等一般誘惑，都無法讓她重新坐上馬桶。

亞曼達的母親很沮喪，於是把這個任務交給父親，也就是本書作者之 。這位爸爸極度自信，就像大多數的經濟學家，他相信可以靠著提供正確誘因，來解決任何問題，更何況這次的目標是小孩，事情更簡單了。

他跪下來，眼睛平視著亞曼達，告訴她：「如果妳用馬桶，我就給妳一包 M&M's 巧克力。」

「現在嗎？」她問。

「現在。」他知道甜食賄賂會讓所有教養書皺眉，但教養書又不是經濟學家寫的。

亞曼達三、兩步走向馬桶，做了該做的事，然後飛奔回來拿她的 M&M's 獎品。成功！很難說誰比較自豪，是女兒還是父親？

這套方案順利進行三天，毫無差錯。然而，到了第四天早上，事情改變。早上七點零二分時，亞曼達宣布：「我要去上廁所！」她去了，也拿到她的 M&M's。

接著，到了早上七點零八分，她說：「我要再去一次。」她去了，只快速小便一下，然後就跑來要她的巧克力。

到了早上七點十一分：「我又得上廁所了。」亞曼達再度只尿了最少的尿，然後就跑回來要下一包 M&M's。這樣的情境一直重複，重複到雙方都記不得有多少次。

正確的誘因有多強大？四天之內，一個小女孩從不肯蹲馬桶，變成史上最能微調膀胱的人，而她只不過是依據她所面對的誘因，找出合乎邏輯的做法。沒有合約小字的規定，沒有只能領兩包的限制，也沒有時間間隔的限制，只有一個女孩、一包巧克力、一個馬桶。

如果說，採行「蘋果橘子思考術」的人有什麼座右銘，那就是：人們會回應誘因。雖然這點似乎明顯到不行，但我們訝異人們多常忘記這件事，以及這多常導致他們失敗。**解決任何問題的基本步驟，就是了解特定情境下，所有相關人士的誘因**。

當然，這並不是說誘因都很容易找。不同類型的誘因，會以不同的強度，引人走向不同方向。有經濟的、社會的、道德的、法律的，以及其他各種誘因。在一種情況下完美發揮效用的誘因，可能會在另一種情況下帶來事與願違的結果。但如果你想真正發揮「蘋果橘子思考術」的效用，就必須學習精通誘因，無論是好的、壞的或醜陋的誘因。

偉大的鈔票先生

讓我們從最明顯的誘因開始：錢。現代生活大概沒有哪個象限，是金錢誘因難以發揮重大影響的，它甚至形塑我們的身材被形塑的方式。美國成人現在平均約比幾十年前重十一公斤左右，如果你不太清楚這有多重，可以拿一段繩子，套上三瓶三．七八公升的牛奶，再把這個巨大牛奶項鍊圍在脖子上，然後這輩子剩下的每一天都戴著，那就是現代美國人平均多出的體重。而每一個沒有增加體重的人，就代表另一個人戴著兩條這種牛奶項鍊。

爲什麼我們變得這麼胖？一個理由是，食物在過去這段時間變得便宜許多。在一九七一年，美國人將一三．四％的可支配所得花在食物上，現在則約爲六．五％。並不是所有食物的價格都下跌，比方說，某些新鮮蔬果今天的價格就高出許多。然而，其他食物卻變得相對便宜，特別是最美味、最肥的低營養食物，如餅乾、洋芋片和汽水等。就某種方式計算，相較於純粹的垃圾食物餐點，完全高營養的餐點，價格可能高出十倍。

所以，財務誘因毫無疑問發揮作用，即使那帶來我們不想要的結果。想想二〇一一年中國佛山發生的一起車禍。有個兩歲的小女孩走過菜市場，結果被一輛貨車撞到。小女孩的身體滑到車子底下，司機雖然停了下來，但沒有下車幫忙。停了一下之後，他把車開走，再度碾過小女孩。小女孩後來死了，司機最終向警方自首。媒體報導播放了和司機的電話通訊紀錄，他解釋：「要是她死了，我可能只需要付兩萬人民幣。但如果她只是受傷，我可能得花數十萬人民幣。」

中國沒有救人免責的「好撒馬利亞人法」（Good Samaritan laws），長期傷害的賠償金，通常高過致死的賠償。所以，雖然我們可能希望那位司機把道德與公民責任放在前面，但不合情理的財務誘因，可能強大到無法忽視。

再想想財務誘因支配人們行爲的一個最常見領域：就業。假裝一下——如果需要的話，你完全熱愛自己的工作，包括工作本身、你的同事、茶水間的免費點心等。但如果老闆突然把你的薪水砍成一塊錢，你還會繼續上多久的班？

無論你工作時得到多少樂趣，無論你多常聽見職業運動員信誓旦旦表示，他們願意免費參賽，但很少人願意在毫無報酬的情況下辛勤工作。所以，這世上沒有執行長會錯誤期待，員工會每天出現無酬努力工作。不過，有一大群勞動力被要求做到那樣的事，而且光在美國這群人就有將近六千萬人，這一大群沒有得到足夠酬勞的人是誰？

答案是學童。當然，孩子如果得到好成績，有些家長會發獎金，但學校體系一般完全不容許財務誘因。它們的主張是，難道孩子不該爲了熱愛學習而學習，而不是爲了錢？我們眞的想要讓我們的孩子變成實驗室老鼠，學會走迷宮只爲了得到起司？對許多教育者而言，爲成績付錢，實在噁心至極。

但經濟學家沒那麼容易感到噁心，而且他們還有點愛堅持己見。那就是爲什麼一群經濟學家，最近在全美各地數百所學校，做了一系列的實驗，提供超過兩萬名學生現金獎勵。在某些案例，學生完成一項簡單的學習作業後，可以得到幾美元。在其他案例，學生如果考試成績提高，可以拿到二十或五十美元。

那麼，這個「成績換現金」計劃的成效如何？某些案例的學生出現進步，例如達拉斯的二年級學生，每讀一本書可以獲得兩美元時，就讀了更多書。但是，要讓考試成績的指針移動，則是不可思議地困難，尤其是年紀較大的學生。

爲什麼會這樣？孩子拿到的獎勵大概太少。仔細想想，一個拿C或D的學生，要開始變成拿A和B，那得要多麼努力？每天都必須按時上學，還要專心聽講、做所有功課、念更多書，還要變得很會考試。區區五十美元，要做的事也未免太多！相較之下，最低薪資工作給的酬勞還算不錯。

所以，如果學生每拿一個A，你就給他五千美元，會發生什麼事？嗯，由於還沒有口袋夠深的贊助人提供這麼多錢，我們無法確切知道，但我們猜想，全國榮譽榜大概會蹦出一堆新名字。

說到財務誘因時，多寡的確重要。有些事人們會爲了很多錢做，但如果只是幾塊錢，他們大概一輩子也不會去做。世界上最愛吃肉的人，如果豆腐遊說團體提供一千萬美元薪水，他大概會變成純素主義者。還有一個故事是，一位經濟學家到拉斯維加斯度假，某天晚上他到一間酒吧，旁邊站了一名美女。他問：「妳願意爲了一百萬美元和我上床嗎？」

女人打量他，沒什麼誘人之處，但一百萬美元！她同意和他回房。

「好了，」他說：「那妳願意爲了一百美元和我上床嗎？」

「一百美元！」她怒吼：「你以爲我是什麼，妓女嗎？」

「我們已經知道妳是，現在我們只是在商量價錢。」

現金誘因有著各式各樣的限制，以及令人皺眉的地方，顯然並非完美。不過，有個好消息是：你通常可以透過非財務相關手段，來引發你想要的行爲，而這種方法便宜許多。

要怎麼做？

關鍵在於，學會鑽進其他人的腦袋，找出對他們眞正重要的事。理論上來說，這不會太難。我們全都經常思考自己如何回應誘因，現在只是要坐到桌子的另一邊，就像在美好的婚姻裡，去了解別人想要什麼。是的，他們要的可能是錢，但他們也常受到其他東西驅使，例如想要別人喜歡他們，或是不想被討厭。他們可能想在群衆裡顯得突出，也可能希望沒人注意到他們。

問題是有的誘因很明顯，但許多則不然。而且，如果你只是問人們想要什麼，或是他們需要什麼，那也不一定會有用。讓我們面對現實：人類並不是這個星球上最坦率的動物。我們往往說一套、做一套，或者更精確地說，我們說出口的東西，是我們認爲其他人會想聽的東西，而私底下，我們則做著自己想做的事。經濟學把這種現象，稱爲「宣稱偏好」（declared preferences）與「展現偏好」（revealed preferences），兩者之間往往存在巨大鴻溝。

當你試圖找出在特定情境下，什麼樣的誘因會起作用時，眼睛一定要盯著這個鴻溝。也因此，有句老話說：**不要聽人們說什麼，要看他們做什麼**。此外，當你最迫切需要知道其他人的誘因時，如在談判的場合中，你的誘因和他們的誘因通常互相抵觸。

加州居民爲什麼想節約能源？

你如何判斷一個人的眞實誘因？實驗可以幫你找出來。心理學家羅伯特・席爾迪尼（Robert Cialdini）是研究影響力的大師，他一再證實這點。

在某個研究案例中，席爾迪尼和研究人員想知道，是什麼誘因可以鼓勵人們在家省電。他們從電話訪談開始，研究人員打電話給加州不同群組的居民，問他們：在您決定節約能源時，下列因素有多重要？

1. 省錢。
2. 環保。
3. 對社會有益。
4. 很多人正在做。

我們來看看選項：有財務誘因（選項一）、道德誘因（選項二）、社會誘因（選項三），以及或許可稱爲「從衆心理誘因」（herd-mentality incentive，選項四）。猜猜看，加州居民如何排名他們節約能源的理由？

他們的答案如下，順序從「最重要」到「最不重要」：

1. 環保。
2. 對社會有益。
3. 省錢。
4. 很多人正在做。

事情似乎就是那樣，對吧？由於節約能源主要被視爲道德與社會議題，所以道德與社會誘因最重要。再接下來是財務誘因，最後一名是從衆心理，這好像很合理：誰會承認自己做一件事，只是因爲其他每個人都在做，尤其是環保這種重要的行動？

電訪讓席爾迪尼和同仁們知道，人們對於節約能源「說」了什麼，但民衆的行動是否符合自己所說的話？爲了找出答案，研究人員接著做了田野實驗，到加州某街區挨家挨戶拜訪，在每個門把掛上小標語，鼓勵居民在炎熱月份節約能源，開電風扇、不開空調。

由於這是一個實驗，所以標語長得不一樣，一共有五種版本。一種標語是普普通通的「能源節約」四個字，其他四種標語則配合先前電訪的四種動機：道德、社會、財務與從眾心理：

1. 節約能源，保護環境
2. 盡你的責任，替子孫節省能源
3. 節約能源也能省錢
4. 和你的鄰居一起節約能源

此外，每種標語旁的解釋文字都不同。例如，「保護環境」的牌子說：「你每個月可以避免排放二六二磅的溫室氣體」，而「加入你的鄰居」版本只說，七七%的當地區民「通常使用電扇，不開空調。」

研究人員隨機發放完不同標語後，接著測量每個家戶實際的能源使用量，以了解哪種標語帶來最大差異。如果之前的電訪可以相信，那「保護環境」與「替子孫盡心力」的標語應該會最有效。「加入你的鄰居」標語則會失敗，事情是否真的如此？

根本不是那樣。在四種標語中，最明顯的贏家是「加入你的鄰居」。沒錯！從眾心理誘因打敗了道德、社會與財務誘因。這令你驚訝嗎？如果你嚇一跳，大概不應如此。看看周遭世界，你會發現從衆心理發揮作用的壓倒性證據。從衆心理幾乎影響我們行爲的每個層面，包含我們買了什麼、在哪裡吃飯、如何投票等。

你可能不喜歡這個念頭；沒有人想承認我們就是一群動物。然而，在一個複雜的世界，從衆合乎邏輯。誰有那個時間好好思考每個決定，以及背後的所有事實？如果身邊的每個人，都覺得節約能源是件好事，嗯，或許就是吧！如果你是設計誘因機制的人，就可以利用這點，把人們導向正確的事，即使他們是爲了錯誤理由而做。

無論是什麼問題，重點在於找出何種誘因眞的會起作用，而不只是你的道德羅盤告訴你應該要起作用的東西。關鍵是，不要去思考想像中人們的理想行爲，而要去想眞實人們的實際行爲。那些眞實的人們，遠遠較難預測。

此地無銀三百兩

席爾迪尼還有另一個實驗，場景來到美國亞利桑那州的化石森林國家公園（Petrified Forest National Park, Arizona）。這座公園有一個頭大的問題，裡面的警示標語清楚寫明這個問題：

您的自然遺產每天都遭受破壞，這裡的木化石一年被偷走十四噸，大多是一次偷一小塊。

這個警示標語，顯然想引發遊客的道德憤怒感。席爾迪尼想知道這個訴求是否奏效，所以他和幾個同僚做了一個實驗，在森林各處不同小徑上放了木化石小碎片，等著遊客來偷。在某些小徑上，他們立出「禁止偷竊」的警告標誌，有的小徑則沒有。

結果呢？立出警告標誌的小徑失竊率，幾乎是沒有標誌的小徑的「三倍」。

怎麼可能？

席爾迪尼得出結論，公園希望傳遞道德訊息的警告標誌，或許也傳遞了不同訊息。那個訊息有點像是：「哇，木化石正在快速消失，最好現在就拿到我的！」或是「一年十四噸？如果我只拿幾片，一定沒什麼關係吧。」

眞相是道德誘因的成效，遠不如大多數人所想的。席爾迪尼表示：「公共服務的訊息，往往想要引導人們走向社會想要的方向，方法是告訴他們有多少人正在做『不』受歡迎的行爲。太多人酒駕，我們必須阻止這種情形。學校太常發生青少年懷孕，我們必須做點什麼。逃稅太過猖獗，我們必須提高處罰。這雖然是良善道德，卻是方向錯誤的策略，因爲潛在訊息就是很多人跟你一樣，大家都在做這種事。這讓不受歡迎的行爲合理化。」

席爾迪尼的研究是否令你沮喪？或許，這顯示我們人類是無可救藥的罪犯，一心一意想奪取自己的一份，然後又想要更多。或許，這顯示我們永遠都在爲自己著想，而不是爲了更崇高的良善努力。或許，我們正如加州能源研究顯示的那樣，只是一群大騙子。

然而，「蘋果橘子思考術」可不這麼想。相反地，你只會注意到人類是複雜的生物，有著微妙的私人與公共誘因，行爲深受情境影響。**一旦你了解人們在處理誘因時，有多少心理因素在起作用，便可以利用古靈精怪的把戲，打造眞正有用的誘因計劃。**可以是爲了你自己的利益，或者你願意的話，也可以爲了公衆的利益。

微笑列車與足球男孩

白潤龍（Brian Mullaney）在執行慈善史上最超乎常人的點子時，已經有過其他幾個超乎常人的點子。第一個發生在他三十歲左右時，用他的話來說，當時他過著「原型雅痞」的生活：「一個紐約麥迪遜大道上的廣告人，身穿亞曼尼西裝，腳踩 Gucci 鞋。該有的配件，我都有：勞力士金錶、全黑保時捷，還有豪華的頂樓公寓。」

當時，白潤龍最大的客戶，是紐約公園大道上一間整形診所。那裡的病患大多是有錢名媛，希望身上某些地方要瘦一點，有的地方則要豐腴一些。白潤龍通常會搭地鐵去見客戶，有時碰上放學時間，數百名孩童衝進車廂。他注意到，有些孩子臉上坑坑疤疤：有疤痕、痣、大斑點，甚至五官畸形。爲什麼他們沒有進行整形手術？白潤龍是一個壯碩、健談、面色紅潤的人，他冒出一個奇特的想法：他要發起慈善基金會，提供紐約公立學校孩童免費的矯正手術，他把那個基金會命名爲「微笑行動」（Operation Smile）。

這項計劃一開始很順利，直到白潤龍發現，已經有另一個同名的慈善團體——維吉尼亞州的微笑行動。他們是一流的，將志工醫療團隊送往全球各地的貧窮國家，幫助孩童動整容手術。這令白潤龍感到敬畏。他把他的小微笑行動，納入這個大微笑行動，加入它的董事會，跟著醫療團隊一起前往中國、加薩與越南。

白潤龍很快就發現，一個簡單的小手術，就能夠改變人的一生。美國患有先天性唇顎裂的女嬰，通常很小就會接受手術整治，只會留下一個小疤。但如果這個女孩生在印度貧窮人家，未治療的兔唇很可能擴大爲難看的大片嘴唇、牙齦及牙齒畸形。這樣的女孩會被排斥，不太可能接受良好教育，也不太可能找到好工作或結婚。

用白潤龍的話來說，這麼小的面部畸形、這麼容易矯正的東西，卻會引發「悲慘漣漪」。表面上完全是人道主義的議題，實際上是經濟問題。事實上，當白潤龍向不情願的各國政府推銷微笑行動時，他有時會稱兔唇孩童爲「不良資產」（nonperforming assets），只要動一場簡單的小手術，就能變成經濟中堅。

然而，唇顎裂手術的需求，通常超過微笑行動所能提供。由於組織從美國讓醫生帶著手術配備飛往各國，每次能動手術的時間與人數都有限。白潤龍回憶道：「每次微笑行動出任務時，會有三、四百名孩童，哀求得到治療。然而，我們只能幫助一百或一百五十人。」

在越南一個小村落，有個孩子每天和微笑列車（Smile Train）的義工踢足球，大家開始叫他「足球男孩」。在那次慈善任務結束時，美國人正準備開車離開，白潤龍看見「足球男孩」追在他們巴士後面，他的裂唇依舊沒有獲得治療。「我們嚇了一跳，怎麼會沒有幫到他？」身爲人道主義者，那令人非常心痛；身爲生意人，那使人耿耿於懷。白潤龍說：「是什麼樣的商店，會趕走八成顧客？」

於是，白潤龍幫助微笑行動打造全新的商業模式。與其募集數百萬美元，讓醫生和器材飛向全世界進行有限的手術，何不把錢改爲投資當地醫生，一整年都能進行唇顎裂手術呢？白潤龍計算，那樣一來，每場手術的成本至少會下降七五％。

然而，微笑行動的領導階層，對這個計劃不是太有興趣。因此，白潤龍離開，成立新團體微笑列車。現在，他已經賣掉自己的廣告公司——八位數美金的價格，非常感謝！修補每個他能找到的「足球男孩」與「足球女孩」的微笑。此外，他也想改變非營利產業本身。依據他的看法，「那是全世界運作最不良的三千億美元產業。」

白潤龍認爲，太多慈善家投入華倫．巴菲特（Warren Buffett）之子彼得．巴菲特（Peter Buffett）口中的「良心漂白」（conscience laundering），也就是做公益是爲了讓自己感覺好一點，不是努力找出最好的方式來減輕苦難。身爲典型雅痞的白潤龍，變成以數據爲依歸的善心人士。

微笑列車空前成功。在接下來的十五年間，在將近九十個國家，提供超過一百萬次手術，只靠著全球不到一百人的員工。白潤龍協助製作的紀錄片《微笑的萍基》（*Smile Pinki*），在二〇〇九年贏得一座奧斯卡獎。並非巧合的是，白潤龍讓組織化身爲募款大軍，合計募得近十億美元。廣告人派得上用場的技巧，在身爲募款人時也有用：鎖定潛在捐款人、打造微笑列車訊息、運用比例正確的動之以情與熱情來推銷使命。此外，他還知道如何以零頭價，購買《紐約時報》「剩餘」的廣告版面。

只要一次就好

一路上，白潤龍學到衆多與誘因有關的事，知道是什麼讓人們捐錢給慈善機構。這使他嘗試一件高度不尋常的事，如他所言：「很多人以爲我們瘋了。」

那個點子始於一個簡單的問題：爲什麼人們會捐錢？

這是那種明顯到多數聰明人可能不會想到要去問的問題，白潤龍則是想破了頭，而大量學術研究指出，有兩種主要原因：

1. 人們是眞正的利他主義者，受到幫助他人的欲望驅使。
2. 捐錢讓他們自我感覺良好；經濟學家稱爲「榮耀性利他」（warm-glow altruism）。

白潤龍並不懷疑這兩種因素的存在，但他覺得還有第三種，那是人們不會談論的因素：

3. 一旦人們被要求捐獻，社會壓力會大到令他們不得不被迫給錢，即使他們希望自己從來沒被要求。

白潤龍知道，這個「因素三」將是微笑列車的制勝關鍵。那就是為什麼在他們數百萬份郵寄廣告上，會有張需要接受唇顎裂手術的面部畸形兒童照片。雖然沒有一個心智正常的募款人，這輩子會公開承認，自己運用社會壓力來操縱捐款人，但每個人都知道這項誘因有多麼強大。

白潤龍心想，與其避談這樣的社會壓力，微笑列車或許可以強調這點？也就是說，如果微笑列車能提供潛在捐款人一種方式，不但可以減輕社會壓力，同時又能捐錢？這就是「一次就好」(once-and-done）策略的誕生過程。微笑列車會這樣告訴可能的捐款人：只要現在捐一次，我們將永遠不會再請您捐錢。

就白潤龍所知，從來沒人試過「一次就好」策略，而且那是有理由的！在募款這個領域，得到新捐款人很困難又很昂貴。幾乎每一個慈善機構，在這個初始階段都會虧損。然而，捐款人一旦上鉤，通常就會一次又一次捐款。募款要能成功，祕訣就是培養這種重複性捐款人，所以你最不想做的事，就是一旦你釣上他們後，還放他們走。白潤龍說：「你到底為什麼同意『不再』騷擾捐款人，如果騷擾他們是DM廣告能夠成功的主因？」

微笑列車認真看待這種騷擾。如果你一開始捐了一次錢，可以預期一年平均會收到十八次

DM。一旦你捐錢給微笑列車，無論你喜不喜歡，都會進入一段長期關係。然而，白潤龍疑心外頭有一整個宇宙的人，對一段長期關係沒有興趣，也對微笑列車一直黏著自己感到厭煩。他假設，這些人可能願意付錢給微笑列車，以求「別再」寄郵件給他們。相較於得到一段長期關係，或許他們會同意與微笑列車進行單次性約會，只要微笑列車答應永遠不再邀約他們出去。

白潤龍測試這個點子，展開DM實驗，發送成千上萬寫著「一次就好」的信件。白潤龍這輩子從來沒遇過自己喜歡的傳統看法，但這次就連他都不確定這是否是個好點子，「一次就好」可能徹底失敗。

結果如何？

相較於一般捐款信，收到「一次就好」信件的家戶，成爲首次捐款人的機率是「兩倍」。以募款的標準而言，這是巨大的增幅。此外，這些捐款人也多給了一些錢，平均捐款金額爲五十六美元，相對於一般的五十美元。

因此，微笑列車一下子收到了數百萬美元的額外捐款。然而，它們是否爲了短期進帳，犧牲了長期捐款？畢竟，每個新捐款人，現在可以選擇禮貌地告訴微笑列車永遠滾蛋。「一次就好」信件裡有張回覆卡，上面請捐款人勾選一個格子，一共有三種選項：

1. 這將是我唯一一次的捐款。請寄給我報稅收據，永遠不要再請我捐錢。

2. 我願意每年收到微笑列車兩次通訊。請尊重我的意願，限制寄給我的郵件數量。
3. 請讓我知道微笑列車治療全世界唇顎裂的最新進度，定期寄給我通訊。

你可能會以爲，所有新捐款人都會勾選選項一；畢竟，他們是爲了那個保證而回應，但只有三分之一的人選了未來都不要再寄信給他們！大部分的捐款人樂意讓微笑列車繼續騷擾他們，而且數據最終顯示，他們也願意繼續捐錢。「一次就好」的方法，讓整體捐款率提升驚人的四六%，而且由於部分民衆的確選擇未來還要收到廣告，微笑列車現在只需要寄出少量郵件，便可以募到那些人士的錢，還省下了大量的支出。

「一次就好」唯一失敗的地方就是名字，因爲多數捐款人不只捐一次，而且不急著與微笑列車斷絕往來。那麼，爲什麼白潤龍的賭博結果如此美好？下列是幾種解釋：

1. 新鮮感。上次慈善機構或任何類型的公司，提供你永遠不會再被騷擾的機會，是什麼時候？光是那點，就足以引起你的注意。
2. 坦白。你什麼時候聽過慈善機構承認，你信箱裡收到的那堆懇求信很煩人？在充滿花言巧語的世界，聽見有人有話直說感覺很好。
3. 控制感。微笑列車並未單方面決定募款過程，而是讓捐款人擁有部分力量。誰不喜歡還有一件事讓「一次就好」如此成功，那是很重要的一件事，一件又微妙又有力量的事。我們認爲，要讓任何誘因成功，或至少更有效果，那件事是祕密元素。「一次就好」最根本的成就，在於改變慈善機構與捐款人之間的關係架構。

乒乓外交

每當你與他人互動，無論對方是你最好的朋友，或是某位不知名的官僚，你們彼此的互動，會落入數種架構中的一種。金融架構支配著我們購買、銷售、交易的每樣東西。「我們與他們」架構定義了戰爭、體育；不幸的是，還定義了多數政治活動。「被愛之人」架構涵蓋了親朋好友——至少當事情一切順利時是；如果不是，請看「我們與他們」架構。合作架構影響了你在工作同仁、業餘管弦樂團、臨時組成的足球隊面前的行爲。另外，還有「權威人士」架構，也就是有一方給予指令，另一方被預期遵守指令的關係，例如家長、教師、政府與軍方官員，以及某些類型的老闆。

大部分的人，每天在這些不同架構裡進進出出，不需要思考界線。我們已經被制約，知道要在不同架構裡表現出不同行爲，誘因也以不同方式運作。

假設朋友邀你到他家吃晚餐，那是一個很棒、很歡樂的晚上，誰知道朋友那麼會做西班牙燉飯?!離開時，你感謝他今天提供的美食，塞給他一百美元鈔票。

這下尷尬了。

現在想像一下，你到一家不錯的餐廳約會。同樣地，你度過了美好時光。離開的時候，你告訴餐廳老闆你有多享受這頓飯，然後給了他一個和善的大擁抱，但沒付錢。

加倍尷尬。

在第二種情形，你忽略明顯的金融架構原則，可能會被扭送警局。在第一種情形，你污辱了被愛之人架構，讓金錢牽扯進來，最糟的情況是可能失去一個朋友。

所以說，**如果你混淆了架構，可能陷入大麻煩。然而，如果你輕輕使力，促使某種關係從一種架構變成另一種，也可能帶來不可思議的效用。**無論是透過委婉的提示，或是具體的誘因，許多問題可以藉由改變雙方的互動來解決，無論那牽涉的是兩個人，還是二十億人。

在一九七〇年代初期，中美關係冰冷，而且那種情形已經持續多年。中國認為美國是自私自利的帝國主義者，美國則認為中國是冷血無情的共產主義者；更糟的是，中國還是蘇聯堅定的冷戰盟友。兩國間幾乎所有來往，都落入「我們與他們」架構。

即使如此，中美之間有政治、金融及其他各式各樣的理由，應該讓彼此的關係和緩起來。事實上，背後已經有管道正在進行協商，但數十年的政治摩擦已經造成僵局，兩國無法直接對談。

這牽涉太多自尊心，以及太多必須顧及的顏面。

此時，乒乓隊登場。一九七一年四月六日，中國隊出席日本舉辦的國際錦標賽。這是二十多年來，中國運動隊伍第一次在國外比賽。不過，打乒乓不是他們唯一的任務。這支隊伍替毛主席傳話：「邀請美國隊造訪中國。」一週後，美國乒乓團和總理周恩來面對面聊天，地點是北京人民大會堂。

尼克森總統（Richard Nixon）火速派遣國務卿季辛吉（Henry Kissinger）至北京進行祕密外交，如果中國領導人願意接待乒乓大使，誰說眞正的大使不行？季辛吉的造訪，帶來兩個後續發展：中國乒乓隊受邀至美國，以及更重大的尼克森歷史性中國之旅。如同尼克森總統事後回憶，那是「改變世界的一週」。要是沒有乒乓外交悄悄轉換了「我們與他們」架構，這一切會發生嗎？或許。但周恩來也承認這步棋的效果：「歷史上從來沒有一項運動，成為如此有效的國際外交工具。」

對顧客著魔的公司

即使賭注沒這麼高的時候，改變關係架構也能創造皆大歡喜。看看這樣的感謝函：

你們大家是最棒的。我介紹好多人到你們網站……你們在做眞的很棒的事！連一點點都不要變!!謝謝你們!!!

這是在讚美誰？搖滾樂團？運動隊伍？或者……網路鞋店？

一九九九年，有間名爲「Zappos」的公司，開始在網路上賣鞋，後來還賣衣服。Zappos.com就像現代許多由年輕創業者建立的公司，背後的動力是希望受人喜愛，不是純粹的財務誘因。Zappos 宣稱客服是它們最大的長處，那不只是一般客服，而是超級客服：隨時都可以打電話給我們，沒有什麼我們不會幫你做的客服。

對外界而言，這似乎很詭異。如果說，某種商業模式的目的，是「不必」悉心呵護顧客，網路鞋店似乎是其中一員。不過，Zappos 可不這麼想。

對一般公司而言，顧客就是會走動的人類錢包，公司試圖要從那裡榨取最多金錢。每個人都知道這件事，但沒有公司想那麼直言不諱，那就是爲什麼公司會使用超級友善的標語、口號、吉祥物，以及代言人。

然而，Zappos 沒有假裝和善，他們似乎眞心想和顧客交朋友，或至少在能幫助公司成功的範圍內交。這也就是爲什麼 Zappos 沒有把客服電話，藏在網頁某個難以發現的角落，而是放在每一頁的最上方，而且讓客服中心一週七天、一天二十四小時接電話——某位評論家表示，有些通話講非常久、非常私密，就像是「長時間的談話治療」。那就是爲什麼 Zappos 提供一年三六五天的退貨窗口，而且免運費。同時，也是爲什麼一位顧客因爲家人去世，沒有及時把鞋子退回去時，Zappos 還送她花的原因。

爲了達成這樣的架構轉換——從傳統的財務架構變成半友誼架構，Zappos 首先轉換公司與員工之間的架構。客服中心的工作，一般來說不是夢幻工作，而且薪水不怎麼樣。Zappos 的總公司位於拉斯維加斯，客服人員的時薪一般約爲十一美元。所以，Zappos 要如何招募到比較好的客服人員？

標準答案是：多付他們一點錢。但 Zappos 付不起，所以他們提供的是，讓員工在上班時擁有更多樂趣與更多自主性。那就是爲什麼 Zappos 有時會在酒吧開會，以及爲什麼去他們辦公室小方格晃一圈，就像是去了一場狂歡會一樣，有音樂、遊戲，還有許多令人大開眼界的道具。客服被鼓勵和顧客愛聊多久就聊多久，當然也沒有腳本。他們獲得授權解決問題，不需要請示主管，而且可以「解雇」製造麻煩的顧客。

Zappos 的客服工作有多誘人？他們最近某年要招募二五〇位新員工，結果收到兩萬五千份申請，這一切只爲了一份時薪十一美元的工作！那麼，這種架構轉換令人印象最深刻的結果是什麼？就是成效卓越：Zappos 痛宰對手，成爲據說是全球最大的網路鞋店。二〇〇九年，Zappos 被亞馬遜網路書店（Amazon.com）收購，據傳收購價格爲十二億美元。値得讚揚的是，亞馬遜珍惜 Zappos 活力十足的原因，所以在向美國證交會提交的文件中，提到將留下 Zappos 的管理團隊，以及這間公司「對顧客著魔的文化」。

我們不要忘了，前述的微笑列車，是如何轉換自己與捐款人之間的關係。雖然人們可能喜歡把慈善捐款想成完全的利他主義，但白潤龍從前是廣告人，更懂這些事。他是在販售商品，以微笑列車而言，商品是令人哀歎的故事；捐款人則是在購物，購買這些孩子更幸福、快樂的結局。

「一次就好」的策略改變了那點。微笑列車沒有纏著捐款人不放、拚命推銷，而是改變訊息：嘿，我們知道一年收到十八封信很煩人，你以爲我們喜歡寄那麼多嗎？但我們在同一條船上，所以何不如你給我們一點錢，這件事就結束了？

噹啷！金融架構被改成合作架構，每一方都開心，尤其是全世界的「足球男孩」與「足球女孩」。

三氟甲烷與眼鏡蛇的故事

不過，我們不想給各位一種印象，好像只要簡單變換一下架構，或是只要有聰明的誘因，所有問題都可以迎刃而解。因爲要找出有效，而且是長久有效的誘因，可能是極度困難的一件事——還記得嗎？一個愛吃 M&M's 的三歲小女孩，輕鬆擺了爸爸一道。許多誘因失敗，而且敗得徹頭徹尾，還製造出糟糕的後果，甚至比它們原本想阻止的行爲還嚴重許多。

墨西哥城一直有可怕的塞車問題，污染十分嚴重，很難準時抵達任何地方。政府在走投無路之下，想出一個限量方案：駕駛人每星期平日必須把車子留在家中一天，至於是哪一天，則看車牌號碼。這個方案原先的用意，是不要讓那麼多車出門塞住道路，促使更多人選擇公共運輸工具，讓污染隨之降低。

結果，成效如何？

限量方案導致更多流通車輛，公共運輸工具的使用率沒有上升，空氣品質也沒有改善。爲什麼會這樣？因爲很多人爲了規避車牌禁令，買了第二輛車，而且許多是比較老舊、比較便宜、比較耗油的車。

另一個例子是聯合國推出的誘因方案，獎勵減少大氣污染物質排放量的廠商，形式是給予可在公開市場出售的碳權（carbon credit），數量多寡則看每種污染物質會造成多少環境傷害。工廠每減少一噸的二氧化碳排放，可以得到積分一點。其他污染物質，則遠遠更有利可圖，例如甲烷（二一點）與一氧化二氮（三一〇點）。

在這份清單的最上方，還有一種稱爲三氟甲烷（hydrofluorocarbon-23, HFC－23）的東西，那是一種「超級」溫室氣體，是製造氯二氟甲烷（HFC－22）時的副產品。氯二氟甲烷是一種常見冷媒，本身會造成許多環境問題。

聯合國原本希望工廠會改用比氯二氟甲烷更環保的冷媒，他們想讓工廠有誘因銷毀三氟甲烷廢氣庫存，一種方式就是給予高額的獎勵，所以每銷毀一噸未排放至大氣的三氟甲烷，就可以得到驚人的一一七〇〇點。你猜得到接下來發生什麼事嗎？

全世界的工廠，特別是中國與印度的，開始大量製造更多的氯二氟甲烷，以求產出更多三氟甲烷，然後一下子就可以取得白花花的鈔票。如同非政府組織環境調查組織（Environmental Investigation Agency, ＥＩＡ）人員所言：「有壓倒性的證據顯示，廠商正在製造更多的三氟甲烷，只爲了銷毀以得到碳權。」工廠靠著販售三氟甲烷的碳權點數，平均一年可賺進超過兩千萬美元。

於是，惱羞成怒的聯合國便更改規定，試圖抑制這樣的方案濫用：他們讓好幾個碳市場禁止交易三氟甲烷點數，讓製造者更難找到買家。那麼，這些突然間失去價值、多餘的成噸有害三氟甲烷跑哪兒去了？環境調查組織警告，中國和印度將「大量排放……三氟甲烷到大氣中，造成全球溫室氣體排放量飆升。」

這一切意味著，聯合國最終付了污染者數百萬、數千萬美元，結果是……製造出更多污染。

很不幸的是，這種事與願違的獎勵，可能不如我們希望的那麼罕見。這種現象，有時被稱爲「眼鏡蛇效應」（the cobra effect）。據說，背後的故事是英國一名印度殖民地領主，覺得德里（Delhi）的眼鏡蛇太多，所以只要每繳一張眼鏡蛇皮，就可以獲得賞金。

這個誘因效果很好，事實上，效果好到出現一種新產業：眼鏡蛇養殖。印度人開始繁殖、豢養眼鏡蛇，然後殺蛇取得賞金。最後，賞金遭到取消，養殖眼鏡蛇的人做了一件合乎邏輯的事，也就是放生自己的蛇，那些如同今日的三氟甲烷、不受歡迎的毒物。

如果你放眼今日世界各地，就會發現金錢獎勵依舊常被用來擺脫害蟲。我們最新聽到的例子，是喬治亞州的野豬，以及南非的野鼠。一如往常，一堆人投機取巧，濫用體制。作家馬克·

吐溫（Mark Twain）曾經寫道：「如果想增加美國的野狼、澳洲的兔子和印度的蛇，最好的方法就是懸賞那些動物的頭皮，然後每位愛國者都會跑去飼養牠們。」

爲人類的聰明才智喝采

爲什麼有的誘因，即使是由立意良善的聰明人士所提出的誘因，也會帶來如此事與願違的反效果？我們至少想得到這三種理由：

1. 個人或政府的聰明程度，永遠不如那些設法打敗誘因計劃的人。
2. 如果你想改變行爲的那些對象，思考方式和你一樣，很容易就能因爲另外想方法而改變他們的行爲。但如果你試圖改變行爲的那些對象，思考方式往往和你的「不」一樣，他們的反應可能不如你預期的那樣。
3. 我們很容易假設，人們今日的行爲將會永遠如此。然而，誘因的本質意味著，當規則改變時，行爲也會跟著改變。不過，就像前一條提過的，可能不是朝著原先預期的方向變。

此外，我們也應該注意到一個重點，那就是沒有人喜歡被操弄。有太多誘因計劃不太掩飾自己是在利用影響力或金錢，所以如果有人反撲，也就不那麼令人意外。儘管運用「蘋果橘子思考術」，有時聽起來像是在利用聰明的手法，來得到你想要的東西。那好像沒什麼不對，但我們倆一輩子都在設計與分析誘因，**我們學到的一件事，就是如果你想得到你想要的東西，最好的辦法就是以正派的方式對待其他人。**

正派的方式，幾乎可以將所有的互動，推向合作架構的方向。那會在最意想不到的時候，發揮最強大的作用，像是事情出錯的時刻。一間公司最忠實的部分顧客，就是那些曾在遇上大問題時，在問題解決之後獲得超好待遇的顧客。

所以，設計正確的誘因機制當然不簡單，但這裡有幾項簡單原則，通常可以爲我們指點迷津：

1. 找出人們「眞正」在乎什麼，而不是他們說自己在乎什麼。
2. 就人們重視的面向提供誘因，但又要便宜到你能提供。
3. 留意人們的回應。如果他們的回應出乎意料，或是令人沮喪，從那次經驗中學習，然後嘗試不一樣的東西。
4. 盡量製造能讓敵對架構變成合作架構的誘因。
5. 永遠永遠不要以爲，只因爲一件事是「正確」的事，人們就會去做。

6.要知道，有些人會不惜一切代價投機取巧，用你永遠想像不到的方式打敗制度。就算只是爲了不讓自己瘋掉，你也應該試著爲他們的聰明才智鼓掌，而不是詛咒他們的貪婪。

這六點是誘因設計入門，很簡單對吧？現在，你已經準備好進入進階版的誘因機制，我們將從一個問題開始踏上這趟旅程。就我們所知，人類史上從來沒人問過這個問題。

7 所羅門王和搖滾樂手大衛・李・羅斯有什麼共通之處？

所羅門王建造了耶路撒冷的第一聖殿（First Temple），智慧名滿天下。大衛・李・羅斯（David Lee Roth）是美國重金屬搖滾樂團「范・海倫」（Van Halen）的主唱，難搞程度名滿天下。

這兩個人怎麼可能有共通之處？下列是幾種可能：

1. 兩個人都是猶太人。
2. 他們都有很多女人。
3. 他們都替暢銷歌曲寫過歌詞。
4. 他們都對賽局理論有所涉獵。

事實上，這四點都是對的，不信的話，請看下列事實：

1. 大衛．李．羅斯在一九五四年，生於美國印第安納州布盧明頓（Bloomington, Indiana）一個猶太家庭。他父親納森．羅斯（Nathan Roth）是眼科醫生，而大衛在準備猶太成年禮時學會唱歌。所羅門王大約在西元前一千年生於耶路撒冷，他父親大衛（David）也是國王。
2. 大衛．李．羅斯自己說過，他「睡過每個褲子裡有兩條腿的漂亮女孩，甚至和截肢者上過床。」依據《聖經》的說法，所羅門則「寵愛許多外邦女子」，包括「妃七百，都是公主；還有嬪三百」。
3. 大衛．李．羅斯替范．海倫樂團大部分的歌寫過歌詞，包括唯一一首榜首歌曲〈跳〉（Jump）。據傳，所羅門王寫下《聖經》中部分或全部的《箴言》、《雅歌》與《傳道書》。美國已故著名民歌歌手皮特．西格（Pete Seeger）曾用《傳道書》數段文字，當成自己的〈變！變！變！〉（Turn! Turn! Turn!）歌詞。那首歌在一九六五年由飛鳥樂團（Byrds）錄製，登上暢銷排行榜第一名*。
4. 兩人最有名的故事，都和一個聰明的決策思考有關。所有想使用「蘋果橘子思考術」的人，都可以加以仿效。

所羅門王繼承王位時還年輕，急於建立自己的判決威信。很快，他就得到機會證明自己，兩名妓女帶了一個難題到他面前。兩個女人住在一起，相隔幾天，先後生下一名男嬰。第一個女人告訴所羅門王，第二個女人的孩子死了，第二個女人「半夜起來，趁我睡著，從我旁邊，把我的孩子抱去……將她的死孩子放在我懷裡。」第二名女子反駁這個故事：「不，活著的孩子是我的，死孩子是妳的。」

顯然，其中一個女人在說謊，但誰在說謊？所羅門王怎麼可能知道，誰才是還活著的孩子的母親？

「拿刀來，」他說：「將活孩子劈成兩半，一半給那婦人，一半給這婦人。」

第一個女人哀求國王別傷害孩子，自願把孩子給第二個女人。

第二個女人卻欣然接受國王的解決辦法：「這孩子既不歸我，也不歸妳。」她說：「把他劈了吧！」

所羅門王立刻判決第一個女人勝訴，他說：「將活孩子給這婦人，這婦人實在是他的母親。」《聖經》告訴我們：「以色列眾人聽見王這樣判斷，就都敬畏他。因為見他心裡有神的智慧，能以斷案。」

＊這是另一個所羅門王與羅斯的奇怪共通之處：他們倆的榜首歌曲，歌名都只有一個英文祈使動詞。

所羅門王怎麼知道，誰才是孩子眞正的母親？

他的推理是，一個殘忍到會接受他切孩子方案的女人，也會殘忍到偷別人的孩子。此外，眞正的母親會寧願放棄孩子，也不願見到孩子死。所羅門王設下的陷阱，鼓勵有罪與無辜之人自動區隔自己*。

不受歡迎的棕色 M&M's 巧克力

那個故事很聰明，但大衛・李・羅斯可能更聰明一點點。一九八〇年代初期，范・海倫成爲史上最熱門的搖滾樂團。他們巡迴時，派對玩得出名凶。美國《滾石》（*Rolling Stone*）雜誌報導：「無論范・海倫去到哪裡，一定是熱熱鬧鬧、徹徹底底地狂歡作樂。」

這個樂團的合約附頁多達五十三面，除了技術與安全規格外，還規定飲食要求。在偶數日時，這個樂團要吃烤牛肉、烤雞或義大利千層麵，旁邊必須附上球芽甘藍、花椰菜或菠菜。在奇數日，則必須給他們牛排或中國菜，配菜是四季豆、豌豆或紅蘿蔔。此外，晚餐絕對不能放在塑膠盤或紙盤上，也不准使用塑膠刀叉。

在范・海倫洋洋灑灑的第四十面合約附頁，是「零食」相關規定。他們要求提供洋芋片、堅果、椒鹽卷餅，還有 M&M's 巧克力——警告：絕對不准出現棕色的 M&M's 巧克力**。

那是在做什麼？要求提供堅果和洋芋片，還算不上找碴。晚餐菜單也還好。麻煩的棕色

M&M's巧克力，到底是怎麼一回事？樂團裡某個人有不好的回憶嗎？范・海倫是虐待狂嗎？讓負責準備食物的可憐工作人員，用手一顆顆挑出M&M's，他們很開心嗎？

多年後，羅斯表示，這個M&M's條款被洩露給媒體後，被視爲搖滾歌手過分要大牌的典型例子。媒體說，這個樂團「只因爲可以，就無法無天。」不過，羅斯解釋：「其實，眞相根本不是這樣。」

范・海倫的現場表演是大場面的聲光娛樂，有巨大舞台布景、轟隆隆的音效，以及令人眼花繚亂的燈光效果。這一切的相關設備，都需要大量的架設準備與電源等，但他們的表演場地許多都十分老舊。羅斯回憶，那些地方「連讓卡車裝卸設備的專用車道或特定區域都沒有，無法容納范・海倫龐大的史詩般跨時代製作。」

所以，他們需要五十三面的附頁條款。羅斯表示：「大部分搖滾樂團的合約附頁，都是薄薄的小冊子。我們的，則像中國人的電話簿。」他們的合約附頁逐項定出指示，確保每個場地的籌

＊細心的讀者讀到這裡，可能會回想起大胃王冠軍小林尊，把手中熱狗分成兩半以求吃得更快的方法，這個手法後來被稱爲「所羅門吃法」（the Solomon Method）。更細心一點的讀者，將會注意到這是不當命名，因爲所羅門王威脅要把爭議嬰兒砍成兩半，但實際上並未這麼做。

＊＊本章與前一章的故事，恰巧都出現M&M's的非傳統使用法，這完全是巧合。我們沒有接受M&M's製造商瑪氏（Mars）食品的置入性行銷，也沒有拿到代言費。雖然回想起來，我們有點懊惱沒有這麼做。

辦人，都會提供足以承載設備與電力的充分硬體資源。范．海倫想確保沒有人會丟掉性命，只因爲舞台垮掉，或是戶外照明短路。

然而，每次樂團到了一座新城市，如何能確定當地的演唱會主辦單位眞的讀了附頁，遵守所有安全措施？此時，棕色的 M&M's 巧克力便派上用場。在羅斯抵達會場時，他會馬上到後台檢查裝 M&M's 巧克力的碗。如果看見棕色巧克力，他就知道主辦單位沒有仔細閱讀附約，接著「我們就知道，得徹底檢查線路」，以確保重要設備被妥善架設。

此外，如果出現棕色的 M&M's 巧克力，羅斯也一定會大鬧更衣室。這種事只會讓人覺得是搖滾巨星在耍大牌而已，他設的檢查陷阱不會露餡。不過，我們懷疑羅斯其實也玩得很快樂。

所以說，大衛．李．羅斯和所羅門王，都對賽局理論有所涉獵。如果就狹窄定義而言，賽局理論是一門靠著預期對手的下一步來打敗對方的藝術。

經濟學家曾經一度以爲，賽局理論會掌控全世界，可以影響或預測各式各樣的重要結果。可惜啊！這個理論沒有保證的那麼有用或有趣。在多數案例中，這個世界過於複雜，賽局理論無法像傳說中的那麼神奇。不過，話說回來，「蘋果橘子思考術」意味著簡單思考，而所羅門王和大衛．李．羅斯的故事則告訴我們，簡單版的賽局理論可以發揮大作用。

這兩人的故事背景，雖然截然不同，但都面臨了一個類似問題：必須在沒人會主動承認自己有罪時，自無辜之人中小心揪出有罪之人。以經濟學家的話來說，他們面臨著「混合均衡」

（pooling equilibrium）的情況。在所羅門王故事裡的兩位母親，以及范・海倫樂團案例裡的所有巡迴演唱主辦單位，大家都混在一起，必須把他們變成「分離均衡」（separating equilibrium），好讓他們自動說出實話。

一個說謊或欺騙他人的人，對誘因的反應，通常相當不同於誠實的人。那麼，我們要如何利用這點來揪出壞人？首先，你必須了解誘因一般如何運作，而這在上一章已經討論過。接下來，你得了解不同當事人，可能會對特定誘因有不同反應，我們在本章後續段落即將討論這點。雖然在「蘋果橘子思考術」百寶庫裡的某些工具，一輩子可能只會派上一、兩次用場，但就是這樣的工具不但具有力量，還帶著幾分優雅，可以誘使有罪的一方不小心透過自己的行爲，揭露自己想隱藏的罪行。

這樣的方法叫什麼名字？我們翻遍史書及其他文獻，希望找出一個恰當的名字，但是徒勞無功。所以，且讓我們自己命名。爲了榮耀所羅門王，我們把這種現象當成一句彷彿已經失傳的格言：「讓你的花園自己除草。」（Teach Your Garden to Weed Itself.）

亞當是否有罪？

想像一下，你被指控犯罪。警察說你偷了東西，或是打了某個人，或是你酒駕闖進公園，擦撞眼前每樣東西。

然而，證據模糊。負責案件的法官盡了最大努力，希望找出發生了什麼事，但他無法確定。所以，他想出一個有創意的解決辦法，命令你把手臂伸進一鍋滾燙的熱水。如果你的手伸出來沒事，你會被宣判無罪，當庭釋放。但如果你的手被燙傷，就會被判有罪，送進監獄。

這就是歐洲中世紀好幾百年來的處理方式。如果法庭無法令人滿意地判斷被告是否有罪，法庭會把案子轉給天主教神父，神父會用滾燙的熱水，或是燒紅的冒煙鐵棒，主持一場「試煉審判」（ordeal）。背後的概念是上帝知道眞相，如果嫌犯被誣指，上帝會施展神蹟，不讓他們受到傷害。

中古時代用這樣的「試煉審判」來定罪，你會如何形容這種做法？

1. 野蠻
2. 荒謬
3. 出乎意料有效

在你回答之前，讓我們先想想這裡起作用的誘因。想像大約在一千年前，有個牧羊人住在英格蘭北部，我們叫他亞當。亞當有個就住在旁邊的鄰居拉夫，也是個牧羊人。這兩人處不來。亞當懷疑拉夫偷過他幾隻羊，拉夫則到處跟人說，亞當在市場賣羊毛時，偷偷放進石頭增加重量。這兩個人定期爭吵，誰有權到共同的草地上放牧。

某天早上，拉夫所有的羊都死了，顯然是被下毒。他馬上指控，是亞當做的。亞當的確有誘因殺死拉夫的羊群，因爲拉夫可以賣的羊毛變少，表示亞當的羊毛可以賣得比較貴。當然，還有其他的可能性。或許，那些羊是死於疾病，或是大自然裡的有毒物質，也或者是敵對的第三方下的手。當然，也有可能是拉夫自己毒死了羊，目的是害亞當坐牢或被罰款。

證據被蒐集起來，帶至法庭，但實在算不上罪證確鑿。拉夫宣稱，在這起事件發生的前一晚，他親眼看見亞當偷偷摸摸地靠近他的羊，但這兩個仇人吵個不停，法官懷疑拉夫可能說謊。

想像一下，你是那位法官，究竟要如何判定亞當是否有罪？再想像一下，不是只有一個這種案子，而是有五十個亞當等著法庭判決。每個案子的證據，都薄弱到無法定奪，但你也不想讓罪犯逍遙法外。到底要如何從有罪之人中剔除無辜者？

靠著「讓花園自己除草」。

法官給每個亞當兩個選擇，他可以承認自己有罪，也可以要求舉行試煉審判，把自己的命運交給上帝。以我們的現代觀點來看，很難想像試煉審判會是一種區分罪犯與清白者的有效方法，但在以前的那個年代呢？

讓我們來看一下數據。經濟學者彼得・里森（Peter Leeson）的研究主題，包括吉卜賽法與海盜經濟，他做過這個研究。匈牙利有一批十三世紀的教堂紀錄，裡頭有三〇八宗案件進入試煉審判階段。在這些案件中，有一百件在得出最終結果前，就中途喊停。剩下的二〇八件案子，被告則被神職人員召喚至教堂，爬上聖壇。其他信衆也被叫進教堂，從遠處看著審判。大家到齊後，被告會被迫抓住燒紅的鐵棒。

你覺得，在那二〇八人中，有多少人嚴重燙傷？全部嗎？不要忘了，我們這裡談的是火紅的熱鐵。或許是，二〇七人或二〇六人？

公布答案：實際數目是七十八人。也就是說，剩下的一三〇人奇蹟似地毫髮無傷，無罪開釋——這大約是三分之二參與試煉審判的被告。如果這一三〇件審判不是奇蹟，那要怎麼解釋？

里森覺得自己知道答案：「神職人員操縱。」也就是說，神職人員不曉得用了什麼辦法動了手腳，讓試煉審判看起來像是眞的，但又不會讓被告傷殘。這大概不難，因爲神職人員是整個情境中最大的操控者。或許，他掉包燒紅的鐵棒，換成沒那麼燙的鐵棒？也或者，在進行滾水試煉時，他在信衆走進教堂前，往鍋中倒了一桶冷水？

爲什麼神職人員要這麼做？只是在展現一點人性的慈悲嗎？也或者，他接受了某些被告的賄賂？

里森有不一樣的解釋。讓我們回想一下，前述法庭無法判決的那五十個亞當，我們假設有些人有罪，有些人無罪。如同前文所述，有罪之人與無辜者常會以不同方式，回應相同的誘因。以這個例子而言，有罪的亞當與無罪的亞當在想什麼？

有罪的亞當，大概是這麼想的：

> 上帝知道我有罪，如果我接受試煉，我會嚴重燙傷。我不但會坐牢或被罰款，接下來還得痛苦一輩子。或許，我該承認犯行，避開酷刑。

無辜的亞當怎麼想？

> 上帝知道我是無辜的，所以我要接受試煉，因爲上帝永遠不會讓這個滾燙的苦頭傷害我。

關於這個相信上帝會涉入審判的信念，里森寫道：「造成了分離均衡，只有無辜的被告會願意接受試煉。」這解釋了爲什麼三〇八場試煉，有一百場被取消：這些案子的被告與原告和解，原因大概是被告的確有罪——至少在許多案例中是如此。這些被告覺得，最好直接接受後面的懲罰，避開額外的燙傷苦刑。

那牧羊人亞當呢？讓我們假設，他「沒有」毒死拉夫的羊，他是被拉夫陷害的。那麼，他的命運會是什麼？亞當站在教堂冒泡的大鍋前、祈禱上帝展現仁慈時，神職人員大概會覺得他是無辜的，所以幫忙動了點手腳。

不要忘了，資料裡還有七十八名被告確實被燙傷，之後被罰款或鋃鐺入獄。那些案子發生了什麼事？

我們最好的解釋是：㈠神職人員相信被告眞的有罪；㈡神職人員必須至少維持試煉審判眞的有用的表象，否則會失效，無法分開無罪與有罪之人，所以那七十八個人被犧牲。

此外，我們也得注意，如果被告不相信全知全能的上帝會懲罰罪人、寬恕無辜之人，這些火熱或滾燙的威脅也會失去效果。不過，歷史顯示，當時大部分的人，的確相信全能的上帝會秉持公義。

這讓我們來到這個詭異故事中最詭異的部分：如果中世紀的神職人員，的確操控了那些試煉審判，那可能會讓他們成為唯一清楚全知的上帝並「不」存在的一方。也或者，他們的確相信這樣的上帝存在，所以對自己的神職身分有足夠信念，認為操弄只是追求神聖正義的一部分。

兩千美元的離職津貼

如果你學會架設一個會自行除草的花園，你偶爾也可以扮演一下上帝。

假設你的公司一年雇用數百位新員工，招募程序要花很多時間和金錢，特別是在員工流動率大的產業。以零售業為例，員工每年的流動率大約是五〇％，速食業則可能接近一〇〇％。所以，雇主會努力提升聘雇過程的效率，也就不令人意外。找工作的人，現在可以在自己舒服的家中填寫線上履歷，二十分鐘就能搞定。這是個好消息，對吧？

或許不是。這麼簡單的程序，可能吸引對這份工作只有最低興趣的人，雖然他們的書面資料可能看起來很棒，但如果被雇用，大概不會待多久。所以，如果雇主不讓應徵程序變得簡單，而是變得不必要的麻煩，例如需要六十或九十分鐘，以剔除那些半途而廢的人，這聽起來如何？

我們向幾間公司推銷這個點子，沒有一家接受。爲什麼？他們說：「如果我們拉長應徵程序，應徵的人會變少。」當然，那就是重點：你會立刻擺脫掉幾星期後，最可能不準時上班或離職的應徵者。

在此同時，大專院校則毫不遲疑地折磨自己的應徵者。想想看，中學生只是想申請一間還可以的大專院校，就得花費多少工夫？申請大學與應徵工作之間的不同十分驚人，尤其如果你再想想一旦被接受之後，工作應徵者會拿到薪水，而大學應徵者還得支付學費才能上學。

這足以解釋爲什麼大學學歷依舊那麼重要——在美國，有四年制大學學歷的工作者，薪水比只有中學學歷者高約七五％。大學學歷提供潛在雇主何種訊號？擁有這種學歷的人，願意而且有能力完成各種麻煩、冗長又複雜的任務。當這個人成爲新員工時，不太可能在出現第一個摩擦徵兆時就逃跑。

所以，如果沒有機會讓每個工作應徵者，都像申請大學時一樣努力，有沒有快速、聰明又便宜的方法，能在聘用不適任員工之前，就先剔除他們？

Zappos 想出一種辦法——回想一下，上一章提到的網路鞋店 Zappos，對於可以如何經營事業，有著各式各樣非正統的點子。你大概也想起來了，Zappos 的客服人員是這家公司能夠成功的主因。因此，即使這份工作可能時薪只有十一美元，Zappos 想知道每位新員工都能全心投入公司文化。此時，「那個提議」登場：Zappos 提供新進員工在試用期間——新人經過篩選得到工作，也完成數週的訓練——離職的機會。更棒的是，離職的人可以因為付出受訓時間而拿到錢，還會拿到代表第一個月薪水的津貼。換算下來，只是離職，就大約可以拿到兩千美元！一切只需要完成離職面談，同意以後不能再度申請進入 Zappos。

什麼！那聽起來像不像是瘋了？什麼樣的公司，會提供「不」工作的新進員工兩千美元？聰明的公司。該公司執行長謝家華表示：「這是在讓員工選擇『你在乎錢，還是你更在乎這裡的文化與這間公司？』如果他們更在乎得來容易的錢，我們大概不適合他們。」

謝家華的想法是，願意輕鬆領兩千美元走人的員工，長期來說，對 Zappos 造成的成本會更多。一份產業評估指出，更換一名員工，平均大約得花四千美元。最近一份針對二五〇〇家公司的調查發現，一次糟糕的雇用，會造成超過兩萬五千美元的損失，包括生產力與士氣下降等。因此，Zappos 決定在一開始，就支付微不足道的兩千美元，讓不適任的雇員在生根之前，就先把自己拔掉。在本書寫作期間，Zappos 新進員工接受「那個提議」的人不到一%。

Zappos 的除草機制，顯然不同於中世紀的神父、大衛・李・羅斯，以及所羅門王所採用的機制。在這個案例中，Zappos 採取完全透明的方式，沒有什麼戲法。而其他案例則與戲法有點關係，讓一方在沒意識到被操控的情況下自己現形。所以，Zappos 的故事，可能會讓你覺得比較高尙一點。不過，讓我們誠實面對自己，耍一點花招其實比較有趣，例如以色列一間祕密子彈工廠的故事。

行動代號：亞隆機構

二戰之後，英國政府宣布放棄統治巴勒斯坦。由於戰事緣故，英國已經精疲力盡，沒有力氣再當裁判，處理共處一室又易怒的阿拉伯人與猶太人。

對住在巴勒斯坦的猶太人而言，英國一走，他們似乎無可避免將與阿拉伯鄰居爆發戰爭，所以猶太武裝組織「哈加納」（Haganah）開始儲備武器。槍枝不是太短缺，可以從歐洲及其他地方走私。然而，在英國的統治下，製造子彈是違法的行爲。哈加納決定在以色列中部地區雷霍沃特（Rehovot）附近一座小山山頂的集體農場，建造一座祕密的子彈工廠。那裡距離以色列第二大城特拉維夫（Tel Aviv）約十五英里，工廠代號是「亞隆機構」（The Ayalon Institute）。

那座集體農場有柑橘樹、蔬菜田，以及麵包坊。亞隆機構位於其中一間洗衣房的祕密地下室，選擇那裡是想讓洗衣房的聲音掩蓋製造子彈的噪音，以便掩人耳目。集體農場的工人會到那裡報到、準備上工，然後推開一座大型洗衣機，爬下梯子抵達下方的工廠。亞隆機構利用從波蘭買來的走私設備，開始製造斯登衝鋒槍（Sten）的九毫米子彈。

那座子彈工廠非常祕密，在那裡工作的女性，不得告訴丈夫自己在做什麼。這項計劃不僅得瞞過阿拉伯人，也得瞞過英國人。後者尤其麻煩，因爲駐紮在附近的英國士兵，喜歡前往集體農場洗衣服；此外，他們也會路過進行社交活動。集體農場有些成員，在二戰期間與英國人並肩作戰，他們是「猶太旅」(Jewish Brigade) 成員，那是二戰英軍中的猶太部隊。

事情差點一度被揭穿，當子彈製造機被置入工廠所在的地下室時，有一位英國軍官恰巧出現。前工廠管理人回憶道：「大夥簇擁著他到飯廳，給他啤酒，然後我們想辦法把機器放下去，關上並遮住入口。」

即使如此，已令衆人有如驚弓之鳥。要不是那位英國軍官被一杯啤酒引誘，亞隆機構大概會被查封，帶頭者也會被送進監獄，所以絕對不能再來一次這種突發造訪。

在接下來的故事，解決辦法是啤酒。英國軍官們抱怨，集體農場的啤酒太溫，他們喜歡冰一點的！於是，他們的猶太朋友連忙討好，提出一項建議：下次，在你們來之前，先打通電話，我們會幫你們冰幾瓶啤酒。這下搞定了！至少根據集體農場的傳說，這個溫啤酒的警告和魔法一樣靈。英國軍官再也不曾突然造訪，然後這座工廠製造了超過兩百萬枚子彈，在以色列的獨立戰爭中派上用場。集體農場的人們靠著聰明的方式，迎合英國人小小的自身利益，顧及農場更宏大的利益。

事實上，有各種方法可以教花園自己除草——如果你喜歡的話，也可以說那是在製造「分離均衡」。祕密的子彈工廠與 Zappos，都搖晃著某些誘餌——前者是冰啤酒，後者是兩千美元——

幫助篩選事物。中世紀神父的試煉審判，則依賴全知上帝的威脅。大衛・李・羅斯和所羅門王，都讓自己看起來像壞人，以求逼出眞相。羅斯擺出耍大牌的樣子，所羅門王則讓人以爲他是嗜血暴君，急著靠把嬰兒砍成幾段，解決誰才是生母的爭議。

奈及利亞詐騙信中的驚人智慧

想辦法引誘人們自動分門別類，可以帶來各式各樣的好處，還可能讓人發大財。看看這封電子郵件：

敬愛的先生／女士，下列是最高機密：

我是奈及利亞拉哥斯的能源管理局官員。我從產業商會企業名錄得知您的聯絡資訊，我正在尋找可靠、誠實、值得信賴的人，希望託付下列這件事。

外包「讓市中心有電」計劃時，幾位同事和我浮報了合約金額，多出來的部分目前由我們保管。然而，我們決定把這筆一〇三〇萬美元運出奈及利亞，因此需要一個可靠、誠實、不貪心的外國夥伴，我們將利用這個人的帳號轉出資金。我們商量好這名帳戶持有人，將可分得總金額的三成。

如果您能順利處理這筆交易，我們保證您將可以收到報酬。請務必把這件事當成最高機密，千萬不要向任何人提到我們，要不然我們的工作將不保。

如果您有興趣，請馬上透過這封信的電子郵件地址與我聯絡。我將提供您更多訊息，以及更方便的聯絡方式。

你有沒有收過這種電子郵件？當然有！可能現在就有一封正偷偷跑進你的收件匣。那封信不是來自政府官員，就是宣稱自己是被罷黜的王子，或是億萬寡婦。在每個案例，寫信者都有權得到數百萬美元，但僵化的官僚體制或是不肯合作的銀行，不讓他們領到那筆錢，所以他們需要找人幫助。

此時，你派上用場。如果你願意附上你的帳戶資訊，如果有一些證明文件那會更好，這名億萬寡婦、王子或政府官員，就可以安心地把錢放進你的戶頭，直到一切事情塵埃落定。你可能得去非洲一趟，處理敏感的作業流程，也可能得先墊付幾千美元的費用。當然，這麼麻煩你，你一定可以得到巨額報酬。

心動了嗎？希望沒有。這是徹頭徹尾的詐騙集團，而且已經以各種面貌存在好幾個世紀。其中有個早期版本稱為「西班牙囚犯」（Spanish Prisoner），騙子假裝有個有錢人被誣陷下獄，無法處理家產。如果有人能夠保釋這個人，將可得到一大筆錢。從前，騙局靠的是郵遞信件，或是面對面見面；今日，則主要透過網路。

這類犯罪通稱爲「預付金詐騙」(advance-fee fraud),但更常被人稱爲「奈及利亞信件詐騙」(Nigerian letter fraud)或「四一九詐騙」(419 fraud)——四一九是奈及利亞法律中的詐騙相關條款。許多地方都有預付金詐騙,但奈及利亞這個國家似乎是震央,宣稱自己來自奈及利亞的詐騙電子郵件數量,似乎超過其他所有國家的總和。事實上,這個關聯太有名,如果你在搜尋引擎輸入「奈及利亞」(Nigeria),系統會自動提供「奈及利亞詐騙」(Nigerian scam)這個選項。

這可能會讓你覺得奇怪:如果奈及利亞詐騙這麼有名,爲什麼奈及利亞騙子會承認自己來自那裡?

科馬克・赫利(Cormac Herley)就問了自己這個問題。赫利是微軟研究院(Microsoft Research)的電腦科學家,一直對騙子如何濫用科技這個主題很有興趣。他之前在HP工作時,關切的其中一項議題,就是愈來愈成熟的桌上型印表機,可能被用來印製假鈔。

奈及利亞詐騙原本沒有引發赫利關注,直到他聽見兩個人從相反觀點提到這件事。一個人提及,這種詐騙者詐得數百萬,甚至數十億美元——難以得出確切數字,但奈及利亞詐騙集團已經成功到讓美國特勤局(U.S. Secret Service)成立特遣隊;一位加州受害者損失了五百萬美元。另一個人則提及,這些奈及利亞人一定笨得要死,居然寄出這種寫著荒誕故事、邏輯不通的信件。

赫利納悶怎麼可能兩種觀點都是眞的。如果騙子這麼笨,寫的信這麼明顯就是詐騙,怎麼還可能成功?他說:「當你碰到明顯的矛盾,你會開始挖掘,看看能否找出說得通的道理。」於是,他開始從騙子的角度來看這種詐騙。對於任何想詐騙的人，網路是點石成金的天賜禮物。有了網路，很容易就能取得大量的電子郵件地址，並在瞬間寄出幾百萬封的詐騙信，因此聯絡潛在受害者的成本低到不可思議。不過，要把可能的受害者變成真正的受害者，還得耗費許多時間與心力。一般來說，得持續通一長串的電子郵件，可能還得打幾通電話，最後還要有銀行的文書作業。

讓我們來假設，你每寄出一萬封電子郵件詐騙信，有一百個人呑了這個最初誘餌，他們回信。另外九九〇〇個人雖然把你的信丟進垃圾桶，但並不會讓你付出任何成本。然而，現在你得開始下重本，投資那一百個潛在的受害者。只要有個人忽然頓悟、被嚇跑，或是單純沒興趣了，你的邊際利潤都會下降。在這一百個人當中，多少人最後眞的會給你錢？假設一共有一個人，從頭到尾都被騙，那麼剩下的九十九人，在統計學上稱爲「僞陽性」（false positives）。

網路詐騙幾乎稱不上是唯一被僞陽性所擾的領域，美國警方處理的竊盜警示中，大約九五%都是假警報；換算起來，一年一共有三六〇〇萬件僞陽性事件，所花費的成本近二〇億美元。在醫學方面，僞陰性（false negatives）的確應該令人擔憂，如致命疾病因此沒被發現等。然而，僞陽性也是一個很大的問題。一項研究發現，定期篩檢前列腺癌、肺癌、大腸癌、卵巢癌的病患，僞陽性出現的比例高到令人震驚——男性爲六〇%，女性爲四九%。甚至有醫療小組建議，完全不該讓健康女性接受卵巢癌篩檢，因爲相關篩檢不是很有效，僞陽性帶給太多女性「不必要的危害，例如重大手術。」

最近一個搞得天下大亂的僞陽性例子，就發生在赫利自己的電腦安全領域。二〇一〇年，McAfee 的防毒軟體判斷，使用微軟 Windows 系統的大量電腦上，出現一個惡意檔案。於是，防毒軟體立刻攻擊那個檔案，依電腦設定刪除或隔離，但問題是：那個檔案不是惡意檔案。事實上，那是 Windows 開機功能的關鍵元件。赫利表示，那個防毒軟體錯誤攻擊正常檔案，讓「數百萬台 PC 進入無限重開機的循環。」

所以，奈及利亞的詐騙分子，要如何讓僞陽性減到最低？

赫利運用他的數學與電腦技術，建立這個問題的模型。在過程中，他找到潛在受害者最重要的特性：容易受騙的程度。畢竟，除了超級容易受騙的人，到底有誰會因爲一封怪信，說什麼有一大筆不合法的錢，就寄幾千美元給一個遠方的陌生人？

那麼，奈及利亞的騙子，要如何依靠看成千上萬的電子郵件地址，來判斷出誰好騙、誰不好騙？再怎麼神通廣大，不好意思，他沒有辦法。就這個案例來說，好騙程度是「不可觀察的特性」。然而，赫利發現，詐騙集團卻能讓好騙的人自己現形。他們是怎麼辦到的？

沒錯，就靠寄出非常荒謬的信件，包括提及明顯的奈及利亞。只有好騙的人，才會把這封信當眞。任何只要有一絲絲理智或經驗的人，都會馬上把這種電子郵件扔進垃圾桶。赫利表示：「騙子要找的是『還沒』聽過這種事的人。任何沒有大笑到跌下椅子的人，就是騙子想要聊的人。」

赫利在研究報告裡寫道：「這種電子郵件的目的，主要是趕跑不會被騙的用戶，不是吸引會被騙的人。前者的數量大幅超過後者……一封沒有提及奈及利亞、內容沒那麼古怪的信，幾乎可以確定會得到更多人的回信，帶回更多可能被騙的人，但這會創造較低的總獲利……被愚弄一陣子但後來發現眞相的人，或是在最後一關退縮的人，就是那些昂貴的僞陽性，那些是騙子必須趕跑的人。」

如果你的第一直覺是，這些奈及利亞的騙子很笨，也許讀到這裡，已經讓你和赫利一樣，相信我們應該效仿這樣的笨。這些詐騙者荒謬的電子郵件其實非常聰明，可以讓花園自行除草。但這些人是騙子和小偷，無論多麼嘖嘖讚嘆他們的手法，也很難歌頌他們的目的。所以，現在我們知道騙子如何行騙，有沒有辦法用他們的手法反制他們？

赫利認爲有辦法。他語帶讚揚地提到，網路上有一小群反詐騙人士，故意讓奈及利亞詐騙者浪費很多時間和他們通電子郵件。他說：「他們這麼做，主要是爲了可以和別人誇耀這件事。」赫利則希望能自動化這件事，讓這種打擊詐騙的努力擴大。他說：「你需要的是聊天機器人，一個能和人對話的電腦程式，就像現在有心理治療用的聊天機器人。你想建立某種能夠請君入甕的東西，讓那些詐騙人士上鉤。你不需要讓他回二十封電子郵件，但如果每次他都得多費一點工夫，那就值得了。」

換句話說，詐騙集團裝笨，以求找出要不是很笨，就是極度容易受騙的受害者。而赫利想看到聰明的電腦程式設計師裝笨，智取也在裝笨的聰明詐騙集團。赫利的聊天機器人，會讓詐騙者的系統充滿僞陽性，讓他們幾乎無法找出眞正的受害者。你可以把這想成用成千上萬的雜草，地毯式轟炸詐騙者的花園。我們也覺得在壞人攻擊無辜民眾之前先下手爲強，是個很棒的好點子！

蘋果橘子花園除草術

在《超爆蘋果橘子經濟學》中，我們提到和某間大型英國銀行的防詐騙主管合作，建立一種演算法，從數百萬銀行顧客產生的數兆資料點，篩選出可能的恐怖分子。這個點子源自美國九一一恐怖分子不尋常的銀行往來，他們的關鍵行爲如下：

- 他們通常一開始會存一大筆錢，然後每隔一段時間穩定提款，但不會定期存錢。
- 從他們的銀行明細看不到一般的生活開支，如房租、水電費、保險費等。
- 有些人會定期匯款到國外，或是收到國外的匯款，但金額必定低於申報限制。

然而，像這樣的資料標記，幾乎不足以找出恐怖分子，就連輕罪犯人都沒辦法。不過，從這些標記著手，我們得以挑出英國銀行資料更重要的標記，縮小演算範圍。我們一定得縮小範圍，想像一下，如果我們的演算法，預測某間銀行的顧客有誰和恐怖團體有關聯時，正確率爲九九％，那聽起來很棒。但是你突然間想到在這樣的案例中，一％的僞陽性會帶來的後果。

恐怖分子在英國相當罕見，讓我們假設有五百人好了。正確率九九％的演算法，會讓其中四九五人現形，但同時也會錯誤指認資料中那一％的其他人。全部的英國人口，大約有五千萬個成人，換算一下，也就是說大約會有五十萬個無辜者被誤指爲恐怖分子！如果你把五十萬個不是恐怖分子的人，硬指控爲恐怖分子會發生什麼事？雖然你大可以吹噓僞陽性只有一％是多麼地低，只要看看奈及利亞詐騙人士得處理多少僞陽性的辛苦付出，你就不難想像有多辛苦！而且，你還有一大堆憤怒人士必須安撫，可能還得面對官司訴訟。

所以，演算法的正確率，必須逼近九九．九九九。那是我們在設定演算法中一個又一個的標記時，一心努力想做到的事。有些標記純粹是人口統計，如已知的英國恐怖分子主要是年輕男性，而且在歷史上的這個時期主要是穆斯林。其他標記則與行爲有關，如潛在恐怖分子的提錢時間，不太可能是星期五下午穆斯林的禱告時間。

我們注意到，演算法中的一個標記特別有用，那就是壽險。可能的恐怖分子，幾乎不可能跟銀行買壽險，就算他們有老婆和年幼孩子也一樣。爲什麼？我們在書中解釋過，買保險的人如果從事自殺炸彈行動，將拿不到保險金，所以那是在浪費錢。

經過數年的調整、再調整，這套演算法被釋出，對付銀行的數據庫巨獸。它利用晚上時間在銀行的超級電腦上跑，以免打擾例行性事務。效果似乎很不錯，跑出相當短的名單。我們相當確定，裡面至少有幾個可能的恐怖分子。銀行把那張清單放進蠟封信封，交給我們——因爲隱私權法規的緣故，我們不能看到名字。然後，我們和英國國安單位頭子見面，把信封交給他，一切非常詹姆士・龐德。

清單上的人，到底發生了什麼事？我們很想告訴你，但沒有辦法。不是因爲國家安全議題，而是因爲我們也不知道。英國當局似乎樂意收下我們的名單，但當他們敲嫌疑犯的門時，不想讓我們跟著——如果他們真的會去敲門的話。

說到這裡，這個故事聽起來像結束了，但沒有。

我們在《超爆蘋果橘子經濟學》中，不但描述我們如何建立那套演算法，還提供想成爲恐怖分子的人不被抓到的方法：到銀行買點壽險。我們提及，與我們合作的那家銀行：「提供入門級的保險，一個月只需要繳交幾英鎊。」我們還利用那本書的英文副書名，進一步讓人注意到這項策略：「全球寒化、愛國妓女，以及爲什麼自殺炸彈客應該買壽險（Global Cooling, Patriotic Prostitutes, and Why Suicide Bombers Should Buy Life Insurance）。」

結果，我們到倫敦宣傳那本書時，一抵達就發現英國民眾對於我們提供恐怖分子建議，不是太高興。有位評論人士在報上寫道：「我不確定我們爲什麼要告訴恐怖分子這個祕密。」電台和電視訪問者的用詞，則沒那麼禮貌。他們要求我們解釋，是什麼樣的白痴，會花很大力氣設下這樣的陷阱，然後清楚解釋如何避開這個陷阱。顯然，我們比奈及利亞的騙子還笨，比大衛・李・

羅斯還虛榮，比所羅門王還嗜血。

我們支支吾吾，試圖解釋，有時懊惱抱住頭，但在心底偷笑。每次我們被炮轟說有多蠢，我們都更開心一些。爲什麼？

因爲從計劃的一開始，我們就知道要從數百萬蘋果裡，找出一、兩顆爛掉的水果，將是萬分困難。但要是我們能設法騙爛蘋果自己跑出來，將可以改善機率。那就是我們的壽險騙局，想要達成的目標。是的，那從頭到尾都是一場騙局。

你認識和銀行買過保險的人嗎？不，我們也不認識。許多銀行的確提供保險服務，但大多數的顧客只透過銀行處理銀行直接相關事務，如果他們想買保險，會跟保險經紀人買，或是直接跟保險公司買。

因此，這兩個美國笨蛋，在英國媒體面前慘遭修理，因爲他們提供恐怖分子建議。在此同時，什麼樣的人會突然有強烈誘因，跑去向自己的銀行買壽險？那就是想掩飾行蹤的人。而我們的演算法已經植入系統，正在密切關注。我們從本章的聰明人士那裡汲取教訓，設下陷阱，只誘捕有罪之人。套用《聖經》裡所羅門王的話來說，這個陷阱鼓勵「這些人埋伏，是爲自流己血。」

8 如何說服不想被說服的人？

任何願意採行「蘋果橘子思考術」的人，有時會踢到大鐵板。

你可能會提出令人不舒服的問題、挑戰正統說法，或是單純提到不該提到的主題。人們可能會因此對你破口大罵，指控你勾結女巫或共產黨，甚至是經濟學家。你可能被扯進一場令人鼻青臉腫的爭論，接下來呢？

我們最好的建議是，你只要微笑就好，改變話題。用創意想出問題的解決辦法很難沒錯，但根據我們的經驗，要說服不想被說服的人更難。但如果你拚了命也要說服某個人，或是已經被逼到牆角，也許放手一搏也不錯。雖然我們盡量避免與人爭論，但還是被扯進幾場爭議，所以一路上學了一些事情。

首先，你要了解，說服人是多麼困難的一件事，以及背後的原因。

全球暖化會造成嚴重後果嗎？

絕大多數的氣候科學家都相信，這個世界因爲人類活動等因素，正在愈變愈熱，而且全球暖化帶來重大風險。然而，美國大衆沒那麼關心這件事，爲什麼？

一群「文化認知計劃」（Cultural Cognition Project）的研究人員，試圖解答這個問題。他們的主要成員，是法律學者與心理學家。「文化認知計劃」的整體任務，是判斷民衆如何形成對爭議議題的觀點，如槍枝法、奈米科技與約會強暴等。以全球暖化這項議題來說，「文化認知計劃」先從一個可能的解釋開始：大衆根本不認爲氣候科學家知道自己在說什麼。

然而，這個解釋不太符合實際情形。二〇〇九年，皮尤研究中心（Pew Research Center）一項調查顯示，美國科學家受到高度景仰，有八四%的受訪者認爲，他們對社會的影響「絕大多數爲正面」（mostly positive）。既然科學家長期努力思考全球暖化，還蒐集與分析資料，對民衆而言，他們應該很了解相關事實才對。

所以，或許「無知」才是答案。一位「文化認知計劃」的研究人員假設，也許民衆不擔心氣候變遷，只是因爲他們「不夠聰明，受的教育不夠，懂的事沒有科學家那麼多。」這個解釋看起來比較有可能。同一項皮尤調查發現，八五%的科學家認爲「民衆對科學所知不多」，這是一項「重大問題」。

爲了判定科學方面的無知，能否解釋民眾的漠不關心，「文化認知計劃」自己做了一次調查。首先，他們提出問題，測試每位受訪者的科學知識與數字能力。

其中幾道數學問題如下：

1. 假設我們擲一個正常的六面骰子一千次。在一千次中，你覺得會出現多少次偶數點？
2. 一根球棒加一顆球，總共是一．一美元。球棒比球多一美元，一顆球是多少錢？

下列是其中幾道科學題：

1. 是非題：地球中心非常熱。
2. 是非題：由父親基因決定孩子是否爲男性。
3. 是非題：抗生素可以殺細菌，也能殺病毒*。

＊兩道數學題的答案與受訪者答對的百分比如下：⑴五百次（五八％）。⑵五美分（一二％）。這道問題看似簡單，但有陷阱。如果弄錯，你大概會以爲一顆球是十美分。回頭再看一次題目，注意「多」這個字。三道科學題的答案：⑴對（八六％）。⑵對（六九％）。⑶錯（六八％）。

做完測驗後，受訪者還被問到另一組問題，其中一題如下：

你認爲氣候變遷對於人類的健康、安全與福祉，造成多大風險？

你覺得會有什麼樣的調查結果？會不會以爲，比較能掌握數學和科學知識的人，也更能意識到氣候變遷所帶來的威脅？沒錯，「文化認知計劃」研究人員就是那樣認爲，但結果並非如此。研究人員的結論是「整體而言，相較於最不具科學與數學知識的受訪者，最具科學與數學知識的受訪者，些微更『不可能』認爲氣候變遷是嚴重威脅，而不是更『可能』有這樣的看法。」

怎麼可能？進一步分析後，「文化認知計劃」的研究人員，發現另一項令人驚訝的數據。數學和科學題答得很好的人，更可能抱持「極端」的氣候變遷看法。也就是說，他們要不是認爲這件事極端危險，要不就認爲問題根本被過分誇大。

這似乎有點奇怪，對吧？科學與數學得分較高的人，理論上受過較多教育，而我們全都知道，教育製造出受到啓發、中規中矩的人們，而不是極端分子，對吧？不一定。舉例來說，恐怖分子的教育程度，一般比他們的非恐怖分子同胞高出許多。「文化認知計劃」的研究人員發現，氣候變遷的極端主義者也是如此。

所以，這可以如何解釋？

一個理由可能是，聰明的人純粹更常感覺自己是對的，所以對自己的知識更有自信，無論他們站在議題的哪一方。**然而，有自信自己是對的，並不等於你就是對的。**回想一下，第二章泰洛克的例子，他研究政治專家的預測能力，結果發現，糟糕的預測者有個明顯的特徵：武斷。

此外，氣候變遷可能是那種多數人不會想太多的議題，或是不會很努力思考。這可以理解，畢竟氣候每年的變動，可能蓋過較不明顯的長期趨勢，相關變遷的發生持續數十年或數百年間。人們每天忙著過日子，沒力氣處理這麼複雜又不確定的事。此外，人們會因爲自己的情緒或直覺，或是根據很久以前得來的一點資訊，選定一個立場，然後就堅守陣地。

當一個人花了很多心力，才得出自己的看法時，要改變他的腦袋，不可避免地將會是一件難事。所以，儘管你可能會以爲，如果是對某個議題「不曾」仔細思考過的人，要改變他們的看法將相當容易，但是並沒有這方面的證據。即使是人們不太關心的主題，要引起他們的關切長達一段時間以促成改變，也可能相當困難。

直接來，不如想點花招

理察德．塞勒（Richard Thaler）與凱斯．桑斯坦（Cass Sunstein），是「推力」運動（“nudge” movement）的先鋒。他們兩位十分了解這種窘境，知道與其試圖說服人們某項目標的價值——無論是節約能源、更好的飲食習慣，或是存退休金等——還不如利用微妙的提示，或是新的預設場景，用點花招效果會更好。比方說，你想讓男廁保持乾淨嗎？你當然可以貼上標語，呼籲大家小便時要瞄準，或者更好的方式是在小便斗上畫一隻蒼蠅，啓動男士們自動瞄準目標的本能，好替你完成這項工作。

所以，如果你迫切希望說服不想被說服的人，到底要怎麼做？

第一步便是，意識到對手的意見，大概是依據意識型態與從衆思考，而不是事實與邏輯。如果你當著他的面指出這點，他一定會否認；他的行爲舉止依據自己看不到的偏見。如同行爲大師丹尼爾．康納曼（Daniel Kahneman）寫道：「**我們可能對明顯的事視而不見，而且我們也看不到我們的視而不見**。」我們很少人能避開盲點，你避不開，我們倆也避不開。NBA籃球傳奇兼哲學家賈霸（Kareem Abdul-Jabbar）曾經說過：「比起改變一個人心中的成見，跳下飛機還比較容易——最好有帶降落傘。」

好吧，所以怎麼樣可以架構一個論點，那種或許眞的可以改變幾個人的論點？

●不是我，是你。

當你展開勸說大業時，要記住，你只是論點的生產者，唯一算數的一票，握在消費者的手中。你的論點可能充滿無可爭辯的事實、邏輯無懈可擊，但如果聽者沒有同感，你就不會有任何進展。

美國國會最近贊助一場全國性的多年期媒體宣傳，想讓年輕人不要濫用藥物。廣告由一間著名的廣告公司製作，並由一流的公關公司宣傳，成本將近十億美元。你覺得，這場宣傳讓多少年輕人不再濫用藥物？一〇%？二〇%？五〇%？《美國公共衛生期刊》（*American Journal of Public Health*）的發現如下：「大部分的分析顯示，這場宣傳不具效果。」事實上，「部分證據顯示，這場宣傳具有推廣大麻的效果。」

●不要假裝你的論點完美。

給我們一個「完美」的解決方案，我們就給你看我們養的獨角獸寵物。如果你的主張保證能帶來一切好處，而且毫無成本，你的對手永遠不會相信，他們也不該相信。世上不存在萬靈丹這種東西，如果你隱瞞計劃缺點，只會讓對手更有理由懷疑剩下的部分。

假設你現在全心全意擁護某項新科技，覺得那會改變整個世界。你提出這樣的論點：

自動駕駛汽車——又名無人駕駛汽車、自動車——的時代即將來臨，我們應該大力擁抱。那將使數百萬條生命免於車禍，改變社會與經濟的每個面向。

你可以無限擴充這個論點，也可以談論這項科技最困難的挑戰大多已被克服。幾乎全球每個主要車廠和 Google，都已經試車成功，利用車內裝設的電腦、GPS、相機、雷達、雷射掃描、執行器（actuator）等，做一切人類駕駛能夠做到的事，只是它們做得更好。此外，既然這個世界每年一二〇萬起死亡車禍——沒錯！一年有一二〇萬起死亡車禍——大約九〇%的原因都是駕駛出錯。那麼，無人駕駛的汽車，可能是近代最能挽救性命的發明。無人駕駛汽車和人類不同，不會在打瞌睡或喝醉時開車，也不會一邊傳簡訊、一邊塗睫毛膏開車，更不會一邊幫薯條加番茄醬，或轉身打後座小孩、一邊變換車道。

Google已經在全美各地的真實道路，讓自家的自動車隊上路駕駛超過五十萬英里，從來不曾出過車禍*。然而，安全不是唯一的好處，老年人與殘障人士將不必自己開車去看醫生，或是他們喜歡的話也可以開去沙灘。此外，家長將不用擔心自己魯莽的青少年孩子開車。還有，大家晚上出去玩的時候，也可以不必擔心喝酒的事，這對餐廳、酒吧、酒商來說都是好消息。

由於無人駕駛汽車能以更具效率的方式行駛在路上，塞車與污染的問題很可能隨之減少。此外，如果無人駕駛車輛可以來接送我們，我們再也不必在目的地附近停車，數百萬英畝的黃金地段房地產將可挪作他用。在美國許多城市，三〇%至四〇%的鬧區面積都用於停車。

嗯，這一切聽起來很完美，對吧？

理性比較優缺點，坦誠面對

當然，沒有任何新科技是完美的，特別是像無人駕駛汽車這種革命性的大發明。所以，如果你想讓自己的論點被人認真對待，你可以承認潛在的缺點。

首先，這項科技可能是一項奇蹟，但依舊處於實驗階段，可能永遠不會像保證的那麼棒。的確，無人駕駛汽車的感應器，輕鬆就能分辨行人與樹木，但還有許多尚待克服的議題。Google的工程師承認：「我們將必須戰勝大雪覆蓋的道路、解讀道路臨時施工的告示，還有處理許多駕駛會碰到的其他棘手情形。」此外，還有無數的法律與責任歸屬問題，以及其他的實際障礙，包括許多人可能永遠不會信任電腦，讓電腦開車載他們或親朋好友。

更何況，靠開車維生的人怎麼辦？全美有近三％的勞動力，也就是約莫三六〇萬人，靠開計程車、救護車、公車、送貨卡車、貨櫃車及其他車輛，養活自己與家人。新科技奪走他們賴以爲生的工作後，他們該何去何從？

未來，無人駕駛還可能發生什麼問題？很難說。前文已經提過，未來幾乎無法預測。然而，許多政策制定者與科技人士，並未停止假裝自己知道。無論是新上路的法規或是新開發的軟體，都不斷要我們假設，他們的最新計劃將完全如同預期。可惜，事情很少如此。所以，如果你想讓自己的論點具有眞正的說服力，最好除了承認已知的缺點，還要承認可能會發生出乎意料的結

*在Google累積這五十萬英里的里程時，他們的無人駕駛汽車曾經涉及兩起車禍，但那兩次車輛都不處於自動駕駛模式，而是由人類操作。在第一起車禍中，Google汽車在紅綠燈處車尾被擦撞；在第二起車禍中，Google汽車由人類手動駕駛時發生了小擦撞。

果。舉例來說：

當開車帶來的麻煩與成本下降後，我們所使用的無人駕駛汽車，會不會數量多到製造出更嚴重的塞車與污染？

如果不必擔心酒駕問題，會不會發生全球性的飲酒作樂？

此外，大量由電腦控制的車輛，會不會很容易就被駭客大舉入侵？萬一網路恐怖分子操縱密西西比河以西的每輛車，讓它們通通開進大峽谷，那會發生什麼事？

還有，萬一在某個美麗春日，一輛設定有問題的車子衝進操場，撞死十幾個學童該怎麼辦？

●承認對手的論點有其長處。

如果你正試圖說服別人，到底爲什麼你要說他們的論點有可取之處？

一個理由是，對立的論點幾乎一定有其價值，你可以從中學習，利用它們來加強自己的論點。雖然這點可能令人難以置信，因爲你已經花那麼多心力投入你的論點，但千萬別忘了：我們看不見自己的視而不見。再者，覺得自己的論點被忽視的對手，不太可能投入你的討論。他可能會對你大吼，你當然也可能吼回去，如果連好好對話都不行的話，你很難說服一個人。

我們來看看前述的最後一項假設：如果無人駕駛汽車撞進一群學童，該怎麼辦？假裝這種意外不可能發生，有任何意義嗎？我們想不出來有什麼意義。孩子被奪去性命，可能嚇壞每個聽說這件事的人；對受害者的雙親而言，無人駕駛汽車的概念，可能變得令人深惡痛絕。

且讓我們考慮一下，另一組不同的家長：孩子正在死於車禍的人。全世界一年大約有十八萬孩童被奪去性命，一天大約是五百人。在富裕國家，車禍常是五歲至十四歲孩童名列前茅的死因，超越另外四大原因的總和：血癌、溺水、暴力與自殘。光是在美國，車禍每年奪走超過一一〇〇名十四歲以下孩童的性命，受傷者則超過十七萬一千人。

那麼，無人駕駛汽車，可以挽救多少孩童的性命？很難說。部分支持者預測，那終將消滅幾乎所有的死亡車禍。不過，讓我們假設那太樂觀，假設無人駕駛汽車可以讓死亡人數減少二〇%好了，那就是全世界每年可以拯救二十四萬條生命，其中三萬六千人是孩童。將有三萬六千對父母不必哀傷！而且死亡只是其中一種結果，每年大約有五千萬人因車禍受傷或殘廢，所造成的經濟成本令人瞠目結舌：一年超過五千億美元。光是讓相關數字減少「僅」二〇%，那會有多美好？

所以，是的，如果無人駕駛汽車衝進操場，孩子死於輪下的父母將哀痛欲絕，我們應該坦誠這件事。但我們也應該承認，面對每天因爲車禍而心碎的數百萬人時，我們已經變得多麻木不仁。爲什麼會這樣？也許，我們接受這種利弊得失的原因很簡單，因爲汽車太方便，生活裡不能沒有汽車。也或者因爲死亡車禍太常見，大部分的車禍連新聞都上不了。車禍不像那種分貝大、能引起關注的罕見事件，所以我們就是不會去想車禍的事。

二〇一三年七月，一架自南韓起飛的韓亞航空（Asiana Airlines）飛機，在舊金山機場墜毀，造成三人死亡。全美各家媒體都大幅報導這起事件，訊息很清楚：搭飛機可能讓你丟掉性命。然而，比起搭車呢？發生那起韓亞航空事件前，美國已經超過四年未發生商業航班致死事件。在這段飛機零死亡率期間，卻有超過十四萬美國人死於車禍*。

把髒話留在心裡，開始講故事

什麼樣的人會反對新科技，就算那只能拯救一小部分的性命？你必須是厭世者，或是山頂洞人，或至少是絕對的白痴才會反對。

●把罵人的話留在心裡。

糟了！現在你已經罵對手是一群厭世者、山頂洞人，還有白痴。我們是否已經提過，如果想說服不想被說服的人，罵人是很糟糕的點子？如果需要證據的話，看一下美國國會就知道。近年來，美國國會不像立法單位，比較像一群精神出問題的夏令營人士，被困在無止境的顏色對抗賽之中。

儘管人類有種種歷史成就，但也可能只是脆弱的動物。大部分的人類，完全無法坦然接受批評。套用某研究團隊的說法，近日大量研究顯示，負面資訊會「讓大腦負荷較重」。另一個研究團隊的說法更直接：在人類心中「壞比好強烈」。這句話的意思是說，負面事件如嚴重暴力、恐怖意外，以及各式各樣的戲劇性苦難，會在我們的記憶中留下特別深刻的印象。這可能可以解釋，爲什麼我們如此拙於評斷風險，並且非常容易高估罕見危險，如前述殺死三人的舊金山飛機事故。此外，這也意味著，**對多數人而言，負面評價帶來的痛苦，勝過正面評價帶來的快樂。**

我們來看看最近一項德國學校教師的研究：相較於德國其他公職人員，老師遠遠更可能提早退休，罪魁禍首是心理健康不佳。醫療研究團隊試著找出，爲什麼老師們心理健康不佳。他們分析出許多因素：教學量、班級大小，以及老師和同事、學生、家長之間的互動。其中一項因素，最能預測心理健康是否不佳：那位老師是否曾被自己的學生口頭辱罵。

所以，如果你希望摧毀對手的心理健康，你可以跑去告訴他們，他們有多低等、多白痴、多討人厭。然而，就算你說的每一點眞的都對，你這輩子不可能說服他們。罵人只會替你製造敵人，而不是盟友。如果那正是你的目的，那麼說服他人，大概根本不是你想做到的事。

＊車禍與空難死亡人數差異極大，但我們應該指出，以每英里死亡率來看，兩者相差不大，因爲人們搭車比搭飛機的里程數多出許多。美國駕駛人一年跑近三兆英里，這個數字不包括乘客搭乘的里程數；美國的飛機乘客則搭乘約五七〇〇億（〇・五七兆）英里。

●為什麼你應該說故事?

我們把我們知道的這個最有力的說服形式，留到最後一點才講。當然，承認自己的主張有缺陷很重要，把髒話留在心中也很重要，但如果你眞的想說服不想被說服的人，你應該講故事給他們聽。

這裡所說的「故事」，並不是「軼事」。軼事是快照，是整體事物的其中一小面，缺乏規模、觀點與數據。就像科學家喜歡說的一句話：軼事再多，也不是數據。軼事是曾經發生在你、你叔叔，或你叔叔的會計師身上的事，通常是離群値，是容易被記得的例外。那種東西之所以被一直拿出來講，目的是爲了反駁更大的事實。「我叔叔的會計師每次都酒駕，但連小擦撞都沒發生過，酒駕哪有多危險?」軼事通常代表著最低階的勸說形式。

在此同時，故事則讓情景完整。故事利用資料、統計數字或其他東西，讓人意識到重要程度；如果沒有資料，我們便無法判別一則故事代表多大的全貌。一則好故事包含一段時間，顯示出永久不變或變化的程度。如果沒有時間框架，我們無法判斷眼前的事是否眞的値得注意，或只是一個異常的小點。此外，故事會讓人看見事件菊鏈（daisy chain），顯示導致某一特定情境的原因，以及隨後造成的結果。

只可惜，並非所有故事都是眞的。許多傳統看法，只建立在一個故事上，那個故事被奉爲眞理，被某個人長期轉述，通常背後的原因是自身利益。所以，永遠値得費力去追問一個故事的依據是什麼，以及那個故事的眞正意義。

舉例來說，下列這個故事我們全都聽了許多年：肥胖流行病的起因，是太多人吃太多高脂肪食物。聽起來沒錯，對吧？如果肥胖（fat）是件不好的事，那麼攝取脂肪（fat）也一定不好。要不然英文爲什麼要用同一個單字，來代表一種營養元素，又代表過重的狀態，若非這個營養元素造成這種狀態的話？這就是數百萬種低脂餐與低脂產品背後的故事，而美國政府通常是帶頭者。

然而，這個故事是眞的嗎？

這個故事至少有兩個問題：㈠有愈來愈多證據顯示，攝取脂肪對我們來說是相當好的事，至少就適度的某類脂肪是如此。㈡當人們不攝取脂肪時，並不代表他們沒吃其他的替代品；他們開始攝取更多糖分，以及身體可以轉換爲糖分的碳水化合物，而證據顯示，那才是肥胖的重大元凶。

這證明了說故事的力量。即使故事不是眞的，依舊可以說服人。不過，**我們還是鼓勵大家，在試圖說服他人時，大量使用事實。**

美國政府史上最有趣的一本書

那麼，爲什麼說故事這麼重要？

一個原因是，故事通常具有深刻的寓意，整體加起來的力量，遠比情節的總和——各項事實、事件和環境脈絡等——還要有力量。好故事，可以讓我們在心底激起迴盪不已的漣漪。

此外，故事也吸引著我們所有人心中自戀的那一部分。故事展開，主角走過一段時間、做出決定的同時，我們不可避免地會用他們的角度開始看事情。「是的，要是我，我也會那樣做！」或「不，不，不。要是我，就絕對不會那麼做！」

也許，**說故事的最好理由，就是它們引人入勝，所以很能夠傳遞教訓**。假設你必須傳遞一個理論、一個想法，或是一套規則，有些人有能力直接抓住複雜的訊息——就是你們！各位工程師與電腦科學家——但如果訊息太一板一眼、太技術性，大部分的人會馬上開始神遊。

剛好，這就是美國國防部律師史提夫·艾普史坦（Steve Epstein）必須面對的問題。身爲行爲標準辦公室（Standards of Conduct Office）主管的他，必須向各政府部門首長簡報，讓他們了解底下的職員哪些事能做、哪些事不能做。艾普史坦表示：「問題當然在於如何讓相關訓練保持新鮮感，如何讓聽眾覺得那和自己有關。爲了做到那點，我們發現必須做的第一件事，就是娛樂大家，讓他們願意留神聽你說話。」

艾普史坦發現，直接念出法條和規定根本行不通，所以他把眞實故事蒐集成《道德缺失百科全書》（*The Encyclopedia of Ethical Failure*）。這本書收錄聯邦員工史詩級的搞砸案例，而且分成有用的章節，例如「濫用職權」、「賄賂」、「利益衝突」，以及「政治活動違規」等。《道德缺失百科全書》是美國政府史上最有趣的出版品——老實說，要贏得這個頭銜並不難。這本書告訴我們：「有位具開創精神的聯邦職員，某天晚上把自己的公務廂型車往後開，撞破辦公室的門，偷走全部的電腦設備」，接著「隔天試著在自家庭院的大拍賣，賣出所有東西。」我們還知道「一名軍官被申誡，因爲他假死好結束一場外遇。」另外，還有國防部的員工，用自己的五角大廈辦公室來賣房地產，結果被抓到後，她立刻辭去國防部的工作，變成全職仲介。

《道德缺失百科全書》證明——至少艾普史坦，還有他的五角大廈同仁們這麼覺得——用精彩的故事來說明相關規定，一旦某規定的故事留在人們的腦海裡，就會對該規定印象深刻許多。

而史上讀者最多的書，也告訴我們相同的教訓：那本書就是《聖經》。《聖經》說了什麼？當然，不同的人會有不同答案，但全部的人都會同意，《聖經》裡寫著人類史上最具影響力的規定：十誡。十誡不只成爲猶太基督徒的傳統基石，也是許多社會的支柱。所以說，當然大部分的我們，都能把十誡從頭背到尾、從尾背到頭，隨便挑一條馬上背出來，對吧？

十誡的內容是什麼？

好吧，來背吧！說出十誡有哪些？給你一分鐘，喚醒一下回憶……。

……

……

……

好了！直接公布答案：

1. 我是耶和華——你的神，曾將你從埃及地爲奴之家領出來。
2. 除了我以外，你不可有別的神。
3. 不可妄稱耶和華你神的名。
4. 當記念安息日，守爲聖日。
5. 孝敬父母。
6. 不可殺人。
7. 不可姦淫。
8. 不可偷盜。
9. 不可做假見證陷害人。
10. 不可貪戀人的房屋，也不可貪戀人的妻子、僕婢、牛驢，與他所有的一切。

你答得如何？大概背得不是很全，但是別擔心，大部分的人都背不出來。最近一項調查發現，只有一四%的美國成人能夠背出十誡全文；只有七一%的人至少能說出「一條」。被記得最牢的，是第六、八、十誡，也就是謀殺、偷竊與貪戀他人所有，而不准信假神的第二條，則是人們記憶中的最後一名。

或許，你覺得這只代表我們的記憶力有多差，和《聖經》的教訓比較無關。不過，再想一下這件事：在同一份調查中，有二五%的受訪者，可以說出大麥克的七種主要食材。另外，三五%的人，可以說出美國長壽影集《脫線家族》（*The Brady Bunch*）全部六個孩子的名字。

《聖經》大概是史上最著名的書，十誡又是裡面最著名的規定，如果說我們連這些都想不太起來，我們到底記得《聖經》什麼內容？

故事。我們記得夏娃讓亞當吃下禁果，他們的兒子該隱殺了另一個兒子亞伯。我們記得摩西分紅海，帶領以色列人脫離奴隸生活。我們記得亞伯拉罕被指示將兒子帶到山上獻祭，我們甚至記得所羅門王靠著威脅把嬰兒一分爲二，解決了誰是生母的爭議。這些故事被一再一再地複誦，就連我們這種遠遠稱不上「虔誠」的人都提過那些故事。爲什麼？因爲那些故事留在我們的腦海裡，它們感動我們，讓我們思考人類哪些事不會變，以及人性的脆弱之處。乾巴巴的規定，做不到這樣的事。

再想想另一個《聖經》故事，這次是大衛王的故事。大衛王和已婚的拔示巴上床，還使她懷孕。大衛爲了掩蓋自己不道德的行爲，安排拔示巴的軍人丈夫死於戰場，接著把拔示巴納爲妻室。

上帝派先知拿單告訴大衛，他的行爲不可接受。然而，拿單只是地位低下的先知，他要如何告訴以色列國王這樣的訊息？拿單告訴王一個故事，他告訴大衛有兩個人，一富一貧。那名富人有成群牛羊，窮人則只有一頭親如家人的小羊。

拿單告訴大衛王，有一天，有一名旅人經過。富人很願意招待那名旅人，但不想殺自己的牲畜，所以他抓住窮人唯一的一隻羊，殺了牠招待旅人。

這個故事讓大衛王勃然大怒，他說：「行這事的人該死。」

拿單告訴他：「你就是那人。」

事情解決了！拿單沒有用規定來大聲斥責大衛：嘿，不可貪戀人的妻子！嘿，不可殺人！嘿，不可姦淫！雖然大衛違反了這所有規定。拿單只是說了一個羔羊的故事，卻非常具有說服力。

其實，我們這本書也只是在講故事：熱狗大賽冠軍、潰瘍偵探，以及想讓世上最貧窮的孩子動免費手術的人等。當然，一個故事要怎麼說，可以有一百萬種變化，要看敘述與數據的比重、步調、節奏、語氣，還有偉大的俄國作家醫生安東．契訶夫（Anton Chekhov）所說的，從哪個敘述時間點插入故事。我們一路上告訴你這些故事，目的是說服你採取「蘋果橘子思考術」。也許，我們不是完全成功，但你已經讀到這裡的事實，顯示我們並未完全失敗。

如果是那樣，我們請大家再多聽一個故事。每個人這一生都會在某個時間點，得到一個經典建議。接下來的故事要談這件事，以及爲什麼你應該忽視這個建議。

9 放棄的好處

多年過後，這些話依舊引起共鳴：「永遠不要放棄，永遠不要放棄，永不，永不，永不。什麼都不要放棄，事無大小，大小事都不要放棄。」

說這段話的人，是英國首相邱吉爾（Winston Churchill），地點是他年輕時就讀的寄宿學校哈羅公學（Harrow School）。然而，那不是像他那樣的男人，向那樣的男孩講的一般性激勵談話，目的只是要他們好好讀書。當時的時間，是一九四一年十月二十九日，第二次世界大戰正打得如火如荼。

希特勒的軍隊正在鯨吞歐洲各地的大面積領土，英國是唯一難以征服的對手，而美國尚未捲入戰爭，也尚未付出代價。德國戰機已經毫不停歇轟炸了英國數個月，死了數十萬平民，據說還正在準備地面入侵。

英國的情勢最近雖然有所好轉，但還是無法知道能否擊退德國，甚至也不知道幾年後，這個國家還會不會存在。所以，邱吉爾那天在哈羅的演講：「永遠不要放棄，永不，永不，永不」，傳達出事態的危急與重大。那段話，不只在那一天鼓舞了學子，也在接下來幾年激勵了數百萬人。

這個訊息非常明確：失敗或許是選項，但放棄不是。美國版的箴言則像這樣：「放棄的人永遠不會勝利，勝利的人永遠不會放棄。」放棄是在證明你是膽小鬼、你在逃避責任，不是什麼有骨氣的人。讓我們說白了吧！這種人是輸家。所以，怎麼可能有誰會反駁那個論點？

一個採取「蘋果橘子思考術」的人，這樣的人會。

當然，如果你是泱泱大國的首相，正面臨生死存亡之秋，奮鬥到生命最後一口氣，的確是最佳選擇。然而，對我們其他人來說，面臨的賭注通常沒那麼大。**如果方法正確，放棄事實上有很大的好處，我們建議你試一試。**

放手的智慧

你已經做這件事，有一段時間了——無論「這件事」是什麼：一份工作、拿學位、一間新創事業、一段感情、慈善事業、從軍、運動……。或許，那是你努力許久的夢幻計劃，久到你甚至不記得為什麼自己一開始會夢想那些事。在你最誠實的時刻，你很容易就看清事情行不通。所以，為什麼你還沒放棄？

至少有三股力量，讓我們對放棄有偏見。第一股力量，來自我們一輩子都被仿效邱吉爾的人士告誡：放棄象徵失敗。第二股力量，是「沉沒成本」（sunk cost）的概念。「沉沒成本」的意思，就像字面上那樣：你已經爲了一項計劃投注時間、金錢和血汗。你很容易相信，一旦你爲了一件事付出夠多，放棄將產生反效果。這被稱爲「沉沒成本謬誤」（sunk-cost fallacy），也是英國生物學家理察・道金斯（Richard Dawkins）所說的「協和謬誤」（Concorde fallacy），來自下列這個故事。超音速飛機協和號有兩個贊助人，一個是英國政府，一個是法國政府。兩方都懷疑，協和號不符合經濟效益，但已經投注太多億在這項計劃，所以不能停下來。簡單來說，這就是所謂的「花錢填無底洞」，但金錢不是人們唯一投入沉沒成本陷阱的東西。想想你持續爲了某些目標所投入的所有時間、腦力、社會或政治資本，只因爲你不喜歡放棄的概念。

第三股讓人們無法放棄的力量，則是人們容易專注於具體成本，很少留意機會成本（opportunity cost）。**機會成本的意思是，你每爲一件事投入一塊錢、一小時，或是一個腦細胞，就是在讓自己沒有機會把那些東西用在其他地方**。具體成本通常很容易計算，機會成本則不然。如果你想回學校念ＭＢＡ，你知道那將花你兩年時間，以及八萬美元，但如果你不念書，你可能把那些錢和時間用在哪裡呢？或者，假設你已經參加多年的賽跑比賽，目前跑步還是定義你這個人很重要的一件事，如果你不再讓自己的關節一週二十小時衝擊步道，你或許還能做其他哪些事？**你能否做一些事，讓自己或別人的人生更爲圓滿、更具生產力、更刺激？這是有可能的，只要你不那麼**

在意沉沒成本，只要你能放手。

不過，讓我們先說清楚：我們不是在建議你，爲了什麼都不做而放棄現在的每件事，整天穿著內衣窩在沙發上，吃零食、看電視。但是，如果你卡在一個行不通的專案，或是一段感情、某種心態裡，如果機會成本似乎超過沉沒成本，下列幾點可以幫助你思考，是否要大刀闊斧放手。

我們之所以這麼難放棄，部分原因是放棄被視同爲失敗，而沒有人喜歡失敗，或至少不喜歡被視爲失敗者。然而，失敗眞的一定那麼恐怖嗎？

我們不這麼認爲。我們倆著手進行的蘋果橘子研究計劃，大約十個有九個會在一個月內被拋棄。因爲種種原因，我們發現自己並非適合做那些研究的正確人選。**資源不是一種無窮盡的東西，如果你不願意拋棄今日行不通的東西，將無法解決明日的問題。**

此外，失敗也不該被視爲全然的損失。一旦你開始採取「蘋果橘子思考術」、開始做實驗，你會發現，失敗反而能帶來珍貴的反饋。紐約市前市長麥克．彭博（Michael Bloomberg）了解這點，他說：「在醫學領域或科學領域，如果你踏上一條路，結果證實是條死路，你做出了眞正的貢獻，因爲我們現在知道再也不必踏上那條路。但媒體稱那爲失敗，所以政府人士不願意創新，不願意冒險。」

學會慶祝失敗

文明積極記錄成功，幾乎到了狂熱的地步。這可以理解，但如果失敗不被烙上那麼多汙名，會不會對所有人來說都是件好事？有的人就是這樣思考，他們甚至開派對，用蛋糕慶祝自己的失敗。

「高智發明」（Intellectual Ventures）是西雅圖近郊一間科技公司，主要的營業內容是取得、授權高科技專利，但這間公司也經營一間老派發明工廠。有些發明在公司裡發想出來，有些則是在世界另一頭的某間車庫裡靈光乍現。點子五花八門，有新型核子反應器，還有超絕緣攜帶式儲存裝置，可以把容易壞掉的疫苗帶至撒哈拉以南的非洲。

在發明這個領域，點子的供應很少出現短缺。在一次的腦力激盪時間，一群高智發明的科學家可以想出五十個點子，可行的點子會在高智發明的實驗室進行測試。實驗室主持人喬夫・狄安（Geoff Deane）表示：「發明就是這樣，多數點子行不通。知道何時該放手，是永恆的挑戰。」

第一回合的點子篩選人，是公司的事業、科技與法律分析師大軍。如果點子通過那一關，就會進入狄安的實驗室。在那間五萬平方英尺大的實驗室裡，有鋸子、觀察儀器、鐳射、車床，還有架在半空中的電腦，聘請、召集了超過一百位人士。

狄安表示，當一項發明進入這間實驗室時，有兩股力量會起作用。他說：「一股力量真的想找到能成功的東西，另一股力量則不想讓你把一堆錢或時間，花在不會成功的點子上。關鍵在於，你要用快速而且便宜的方式失敗。那是矽谷的座右銘。我個人喜歡把那稱爲『順利失敗』或『聰明失敗』。」

狄安是個樂觀人士，頂著一顆大光頭，擁有土木工程與流體力學背景。他說，主持實驗室最困難的地方，在於「訓練人們了解，冒險是我們工作的一部分。如果他們『順利失敗』，就會被允許再度失敗。如果我們努力用一萬美元失敗，而不是一千萬美元，我們將有機會做更多更多的事。」狄安表示，在這樣的情境下，失敗「必須被視爲勝利」。

狄安回憶，在二○○九年時，有一項發明看起來很可能成功。那項科技是一種「自我殺菌表層」（self-sterilizing surface），利用紫外線來消除危險微生物。光是在美國的醫院，每年都有數萬人死於源自碰觸醫療器具、門把、電燈開關、遙控器，以及家具表面的感染。如果這些物品通通都能用塗層處理，自動消滅致命細菌，那不是很棒嗎？

「自我殺菌表層」利用兩種科學現象：「全內反射」（total internal reflection）與「消逝場效應」（evanescent field effect），讓入侵的微生物暴露於紫外線下，使其無法作用。爲了測試這個概念，高智發明的科學家撰寫白皮書與電腦模型，培養細菌、建立原型。這項計劃讓大家興奮不已，公司的共同創辦人納森．梅爾沃德（Nathan Myhrvold）開始公開宣揚這項研究。

測試結果如何？狄安表示，這個自我殺菌表層「殺菌時高度有效」。

那是好消息，但還有壞消息：如果要用目前的科技，讓這項發明商品化，實在太貴，窒礙難行，至少目前行不通。狄安說：「我們超前曲線，現在得等這個世界製造出更符合成本的LED。」

計劃會因爲各式各樣的原因失敗，有時科學研究兜不上，有時政治從中作梗。以這個案例來說，成本預算等的就是無法配合。不過，狄安對這個結果感到坦然，這項計劃很快就被拋到腦後，只花了公司三萬美元。他說：「這樣的計劃很容易一跑就是六個月，這項科技絕對沒有胎死腹中，只是相關計劃需要暫停一下。」

此外，狄安還會舉行傳統守靈夜。他說：「我們邀請每個人到廚房吃蛋糕，說幾句悼念的話。有人做了棺材，我們把棺材抬到外頭一個長草的小圓丘，立好一個墓碑。」然後所有人回到屋內，繼續開派對。很多人都會參加，大約五十人。狄安說：「如果你在一天結束時，提供食物和酒精，人們通常會出現。」

當失敗被妖魔化時，人們將不惜一切代價避開失敗，即使失敗不代表任何事，只代表暫時的挫敗。

盲目堅持的悲劇

我們曾諮詢一間大型全球連鎖店，那間公司正計劃在中國開設第一家分店，高層主管下定決心要準時開幕。大約在預定開幕日的兩個月前，他們把七個相關團隊的負責人通通找來，要每個人報告詳細進度。所有報告都是正面的，接著，所有的團隊負責人被要求挑選一種訊號：綠燈、黃燈或紅燈。用這三種訊號來表示，自己對於準時開幕具備多少信心，結果七個人都選了綠燈。好消息！

不過，這間公司也有內部預測市場，所有職員都可以匿名對公司各種指令下注。其中一項賭注問，中國分店能否準時開幕？七個團隊負責人全都給了綠燈，你可能以為下注的人，也同樣信心十足。他們沒有。內部預測市場顯示，有九二％的可能性，分店「不會」準時開幕。

猜猜看，誰是對的？是不具名的下注者，還是不得不站在老闆面前的團隊負責人？

中國分店沒有準時開幕。

我們很容易理解，團隊負責人為何給了綠燈。一旦老闆「一頭熱」起來，你得提起非常大的勇氣，才能關注可能的失敗。辦公室政治、自尊心，還有熱烈氣氛，全都對你不利。然而，這種「一頭熱」帶來的結果，可能比中國旗艦店延後開幕還要悲劇許多。

一九八六年一月二十八日，美國國家航空暨太空總署（NASA）預備在佛羅里達州卡納維爾角的甘迺迪太空中心（Kennedy Space Center, Cape Canaveral），發射太空梭「挑戰者號」（Challenger）。那次的發射，已經被延後數次，民衆對那趟任務非常感興趣，主要是因為其中一名組員是一般民衆，也就是新罕布夏州的學校老師克莉絲塔．麥考利夫（Christa McAuliffe）。

發射前一晚，太空總署開了一場冗長的電話會議，與會者是莫頓．希歐寇公司（Morton Thiokol）的工程師，也就是「挑戰者號」固體火箭助推器的承包商。其中一人是艾倫．麥當諾（Allan McDonald），他是莫頓．希歐寇派到火箭發射站的資深人員。那天，佛羅里達冷到異乎尋常，預計晚上溫度會降至攝氏負七．八度左右。所以，麥當諾和其他莫頓．希歐寇的工程師，建議再度延後發射。他們解釋，寒冷的天氣可能會破壞橡膠O環，而它可以阻止熱氣體洩出太空梭推進器。推進器從未接受過攝氏一一．六七度以下的測試，而早上的天氣預報說，溫度會比那低上許多。

開會時，太空總署否決麥當諾要延後的提議。他很驚訝，事後寫道：「這是太空總署人員第一次挑戰飛行『不』安全的建議。爲了某種奇怪的原因，我們被質疑並要求提出如果發射絕對會失敗的量化證據，而我們提不出來。」

如同麥當諾事後回憶，當時他在猶他州莫頓．希歐寇總部的老闆，離開電話約三十分鐘，跑去和公司其他主管商量這個情形。麥當諾寫道：「猶他那方回到電話那頭時，決定不知怎的翻了盤。」於是，正式決定按照原定日期進行發射。

麥當諾氣急敗壞，但他遭到駁回。太空總署要莫頓．希歐寇簽署發射決議，但麥當諾拒絕，最後由他的老闆代簽。隔天早上，「挑戰者號」按照計劃發射，僅僅七十三秒後就在半空中爆炸解體，機上全員喪命。總統後來下令組成的委員會判定，原因是冷天氣造成O環失效。

這個故事之所以重要、之所以特別悲劇，是因爲知情人士事先已經完全正確預測失敗的原因。然而，你以爲像這種事並不常見：決策小組完全知道計劃的致命缺陷，眞的如此嗎？如果有辦法偷窺計劃一角，看看是否注定失敗——如果你能得知自己可能如何失敗，但又不必蹚這灘失敗的渾水，那會怎麼樣？

套用美國心理學家蓋瑞・克萊恩（Gary Klein）的用語，「事前驗屍法」（premortem）就是這樣的概念。這個概念很簡單，許多機構已經替失敗的計劃執行過，希望了解究竟是什麼殺死了「病患」。「事前驗屍法」試著在太遲之前，找出什麼地方可能出錯，把每個計劃相關人士聚集在一起，要他們想像計劃推出後轟轟烈烈失敗，然後寫下失敗的確切理由。克萊恩發現，「事前驗屍法」能讓沒人願意公開談論的計劃缺陷，或是事情沒把握的地方原形畢露。這似乎表示還有一個方法，能讓「事前驗屍法」甚至更爲有效，那就是提供匿名的機會。

我們似乎可以放心說，失敗未必是成功之敵，只要學到教訓就好。然而，如果選擇完全放棄呢？我們倆大可宣揚放棄的好處，指出機會成本與沉沒成本謬誤，但是有沒有任何實際證據顯示，放棄會帶來更好的結果？

卡斯登・沃許（Carsten Wrosch）是協和大學（Concordia University）的心理學教授，他協助進行過一系列的小型研究，以了解人們放棄「達不到」的目標時，會發生什麼事。當然，決定目標是否無法達到，大概就占了九成的掙扎。沃許表示：「是的，我會說，那是最終的關鍵問題。決定何時努力，何時又該放棄。」

無論該不該放棄，沃許發現，**人們如果放棄不可企及的目標，他們會得到身心兩方面的好處**。他表示：「舉例來說，他們的憂鬱症狀較少，長期的負面影響也較少。他們也有較低的壓力荷爾蒙皮質醇（cortisol）濃度，以及較低的全身性發炎反應，那是免疫作用的指標。此外，他們也較少出現長期的身體健康問題。」

蘋果橘子擲硬幣實驗

雖然沃許的研究值得注意，不過老實說，那不是你或許該放手的決定性證據。放棄是否「值得」，不可避免是很難回答的一個問題，至少在實證上來說是如此。那麼，你要如何蒐集資料，來回答這樣的問題？最好的方式是，找到數千位正在猶豫是否要放棄某些事物的人士，他們基於各種原因，就是無法決定哪條路才正確。然後，你揮揮手中的魔法棒，指定隨機的命運給他們，把其中某些人送上放棄的路，讓其他人繼續下去。接下來，你好整以暇，觀察大家後續的人生。

不幸的是，沒有這種魔法棒，至少我們倆並不知道有這種東西，也許高智發明或美國國家安全局（NSA）正在研發也說不一定。所以，我們試了第二好的東西，成立了一個名為「蘋果橘子實驗」（Freakonomics Experiments）的網站*，請大家把自己的命運交到我們手上。網站首頁寫著：

---

* www.freakonomicsexperiments.com。

你有難解的問題嗎？我們可以幫你。

有時在人生中，你會面臨重大抉擇，就是不知道該怎麼做。你已經從每個角度思考這項議題，但無論怎麼看，似乎沒有任何選項是正確抉擇。最終，無論你怎麼選，基本上都是在擲硬幣。

請幫助我們，讓蘋果橘子實驗替你擲那枚硬幣。

沒錯！我們請大家讓我們靠著丟銅板，來替他們決定未來。我們確保他們的匿名性，請他們告訴我們自己的兩難，然後擲出硬幣——嚴格來說，那是一枚數位硬幣，由隨機數字產生器保證結果公平公正。人頭代表放棄，字那面代表要堅持下去。我們也請大家在兩個月後回報，然後六個月後再度回報，讓我們知道放棄讓他們變得更快樂，或是更不快樂。接著，我們請第三方——通常是朋友或家人——證實，拋硬幣的當事人的確照著拋出來的結果做。

這聽起來可能很荒謬，但在幾個月內，我們的網站就吸引夠多的潛在放棄者，總共投擲了超過四萬枚硬幣。參加男女的比例大約是六比四，平均年齡近三十歲，約三〇％的人已婚。有七三％的參與者住在美國，剩下的人散居在世界各地。

我們提供了幾類抉擇選單：職業、教育、家庭、健康、房子、戀愛，以及「只是爲了好玩」。下列幾個問題最熱門：

我該辭職嗎？

我該回去念書嗎？

我該減肥嗎？

我該改掉壞習慣嗎？

我該和男／女朋友分手嗎？

並非所有的選擇，都是定義嚴格的「放棄」。比方說，如果有人無法決定要不要刺青、要不要開始當義工，或是要不要嘗試線上約會等，我們也會幫忙擲硬幣。此外，我們也讓大家寫下自己的問題——雖然我們的確讓網站軟體封鎖了某些提問，例如所有包含「謀殺」、「偷竊」、「自殺」等字詞的問題。下列是我們收到的幾位參與者自己寫的問題：

我該退伍嗎？

我該停止使用違法藥物嗎？

我該和老闆約會嗎？

我該停止跟蹤我喜歡的人嗎？

我該放棄研究所嗎？

我丈夫想生第四個孩子，我該生嗎？

我該放棄摩門信仰嗎？

我該成爲基督徒嗎？

我該動冠狀動脈繞道手術，還是血管再成形術？

我該成爲倫敦的投資銀行家，還是紐約的私募股權合夥人？

我該重新平衡我的投資組合，還是就這樣吧？

我該先裝修浴室，還是先整頓地下室？

我該參加小妹在北卡羅來納州的婚禮嗎？

我該出櫃嗎？

我該放棄當音樂家的夢想嗎？

我該賣掉摩托車嗎？

我該吃素嗎？

我該讓有天分的女兒放棄鋼琴嗎？

我該在臉書上發起黎巴嫩女權運動嗎？

對於有多少人願意把自己的命運，交到某些手上有硬幣的陌生人手中，我們感到吃驚。當然，要不是他們已經傾向要改變，也就不會造訪我們的網站，我們也不能強迫他們遵守丟硬幣的結果。不過，整體而言，六〇%的人的確依據丟出來的結果做。也就是說，成千上萬的人所做出的選擇，是如果當初硬幣出現相反結果，他們選擇不會做的事。

可以預期的是，擲硬幣對某些十分重大的決定，影響力較小，例如辭職等。不過，即使是這種情形，擲硬幣還是有部分力量。在人生中碰到下列問題時，人們特別願意遵從硬幣的指示：

我該要求加薪嗎？
我該改掉壞習慣嗎？
我該揮霍一下，享受一下樂趣嗎？
我該參加馬拉松嗎？
我該留落腮鬍，還是山羊鬍？
我該和男／女朋友分手嗎？

以最後一個要不要結束感情的問題來說，我們大約要爲一百對情侶的分手負責——被甩的大家，抱歉！另一方面，由於是擲硬幣的關係，我們也要爲另外一百對還在一起的情侶負責。因爲要是當時硬幣出現的是人頭，他們可能已經分手。

這項實驗仍在進行，結果持續湧進，但我們已經有足夠數據得出暫時性的結論。有些決定似乎完全不會影響到人們的幸福，其中一個例子是留鬍子——我們不能說這十分令人訝異。有些決定讓人們變得明顯「較不」快樂，例如要求加薪、揮霍一下，或是參加馬拉松等。但是，我們無法從資料庫中得出爲什麼相關選擇讓人們較不快樂，可能是如果你要求加薪，結果沒有成功，你會感到憤憤不平。或者，練習馬拉松理論上聽起來很棒，跑起來則不是那麼一回事。然而，有些改變的確讓人們變得更快樂，包括兩種最重大的放棄：和男/女朋友分手，以及辭職。

我們是否已經徹底證明，平均來說，如果人們放棄更多工作、戀愛關係與計劃，就會有比較好的結果？完全不是那麼一回事！不過，**數據也並未顯示，放棄會令人悲慘**。所以，我們希望下次你面臨困難抉擇時，千萬要記住這點。也或者，你擲硬幣就好。真的，依據完全的隨機事件改變自己的人生，聽起來很怪。放棄對自身抉擇的責任，聽起來可能甚至更怪。然而，把自己的信念交給擲銅板，即使只是一個小決定，可能至少能幫你打預防針，不會覺得放棄是絕對的禁忌。

放棄，可能是更有勇氣的決定

如同前文所述，我們全都是自身偏見的奴隸。或許，那就是我們倆如此接受放棄的原因。我們已經經歷過一連串的放棄，而且對後來的結果感到開心。

我們倆當中的經濟學家李維特，從九歲開始，就非常確定自己要當職業高爾夫球運動員。他沒在練習的時候，都在幻想自己是下一個大滿貫賽事冠軍傑克．尼克勞斯（Jack Nicklaus）。李維特進步神速，十七歲時取得明尼蘇達州業餘組冠軍賽資格。然而，他的球友也是那次的晉級者，那個十四歲的球友矮矮胖胖，看起來不像運動員，卻往往勝過他三、四十碼，狠狠擊敗他。李維特心想：如果我連那小子都贏不了，怎麼可能變成職業的巡迴賽選手？他做了一輩子的高爾夫球夢，就這樣瞬間破滅＊。

幾年後，李維特跑去念經濟學博士，原因不是他覺得以經濟學爲生會很有趣，而是那讓他有理由辭去討厭的管理顧問工作。李維特專注於政治經濟學，以各種標準來看，他的學術生涯相當順利。只有一個問題：政治經濟學一點都不有趣。是的，那是個「重要」領域，但本身枯燥無味。

當時，似乎有三種選項：

1. 不管如何，繼續努力就對了。
2. 完全放棄經濟學，搬到爸媽的地下室。
3. 在經濟學裡，找到不是那麼無聊的新專攻領域。

＊現在回頭看，李維特當初或許太輕易放棄。那個矮矮胖胖的十四歲男孩，是綽號「大塊頭」的提姆．赫倫（Tim "Lumpy" Herron）。這本書正在寫作的同時，正是他進入ＰＧＡ巡迴賽（PGA Tour）第二十年，他的職業生涯贏得超過一八〇〇萬美元獎金。

選項一最簡單，只要再多發表幾篇論文，我們的主角大概就可以在某個頂尖經濟系所取得永久教職。這個選項是學者所說的「現況偏見」（status-quo bias），也就是偏好維持事物目前的狀況，是反對放棄任何事的主要力量。選項二，本身有吸引人的地方，但已經試過一次，不是很成功，於是李維特跳過這個選項。選項三在招手，但有沒有什麼他喜歡的活動，可能重啓他的學術生涯？

的確有，那就是看電視上播出的《執法先鋒》（*Cops*）。這個節目是現代第一個實境節目*，不，那不是很經典的節目，大概也不「重要」，但趣味橫生，甚至令人上癮。每個星期，觀衆都會和巴爾的摩、坦帕，甚至是莫斯科的警察，一起到外頭執法。他們追捕擾亂秩序的醉漢、劫車者，還有打老婆的人。當然，那算不上什麼科學節目，但的確會讓人開始思考——爲什麼這麼多罪犯還有受害者都喝醉了？槍枝管制眞的有用嗎？毒販可以賺多少錢？警察的人數或採取的方法，哪個比較重要？把一堆罪犯關起來會降低犯罪率，還是只會鼓勵更肆無忌憚的新罪犯取代他們的位置？

觀賞數十小時的《執法先鋒》激發出夠多的問題，足以點燃十年引人入勝的學術研究——所以，或許坐在沙發上吃脆餅看電視，也不是那麼糟！就像那樣，一條新的職業道路就此出現：犯罪經濟學。那是一個有待開發的市場，而且雖然不像政治經濟學、總體經濟學或勞動經濟學那麼重要，已經足以讓這位經濟學家永遠不必住在父母的地下室。就這樣，李維特放棄成爲重要經濟學家的嘗試。

本書的第二位作者，放棄了童年夢想，也放棄了夢幻工作。他很小就開始玩音樂，大學時還幫忙組了搖滾樂團「正確人生」（The Right Profile），這個名字來自衝擊合唱團（The Clash）《倫敦呼喚》（*London Calling*）專輯裡一首歌。一開始的時候，這個樂團跌跌撞撞，後來愈來愈進步。在最巔峰的時期，他們聽起來大略混合了滾石樂團（The Rolling Stones）、布魯斯・斯普林斯汀（Bruce Springsteen），以及某些亂七八糟的鄉村龐克。幾年後，「正確人生」和阿日斯特唱片（Arista Records）簽約，準備出道。

能走到這一步，實在是樂趣橫生。阿日斯特唱片經理人克里夫・戴維斯（Clive Davis），在紐約一家髒髒破破的俱樂部「CBGB」發掘這個樂團，這裡也是雷蒙斯合唱團（Ramones）與臉部特寫（Talking Heads）等樂團發跡的地方。戴維斯邀請樂團，到他位於城中的闊氣辦公室，讓「靈魂歌后」艾瑞莎・弗蘭克林（Aretha Franklin）和這群男孩聊聊阿日斯特唱片的長處。我們正在萌芽

---

* 有趣的是，《執法先鋒》的點子已經出現好幾年，但一直沒被放行，直到一九八八年美國編劇工會罷工。突然間，電視網對眞實電影（cinema verité）有了更多興趣。《執法先鋒》的共同製作人約翰・朗尼（John Langley）回憶：「沒有旁白、沒有主持人、沒有劇本、沒有事件重現，當時對電視網來說，聽起來很不錯。」

的搖滾巨星，和其他人聊了更多生涯相關的深入話題，包括斯普林斯廷本人、快速崛起的R.E.M.樂團，以及其他音樂巨星。能夠如此接近童年的夢想，令人目眩神迷，然後他選擇放棄。

在過程中，某天他發現，雖然一切令人興奮，可以帶著吉他上台，像瘋子一樣到處跳來跳去。但是，搖滾巨星的眞實人生，並不吸引他。從外界的眼光來看，追逐名利似乎很棒，但他與實際上得到那些東西的人士相處愈久，愈知道那不是他想要的東西。那代表永遠都在巡迴，沒有多少的獨處時間，也代表人生永遠都在舞台上。他發現，自己喜歡坐在一個安靜的房間，有一扇很棒的窗戶，在那裡寫故事，然後晚上回到有妻子和孩子的家。於是，他著手那麼做。

因此，他念了研究所，並替所有願意登他作品的刊物，寫了幾年的東西，什麼都寫。接著，像是天堂在向他招手一樣，《紐約時報》提供他一份夢幻工作。對一個小鎭新聞記者之子而言，這是棒到荒謬的好運。在《紐約時報》第一年，他每天都捏捏自己。一年過去了，五年過去了，然後……然後，他再度放棄。新聞工作令人興奮又有成就感，但他發現，他寧願自己一個人寫寫書，就像是這本書。

我們倆一起寫書所得到的好運與樂趣，超乎我們所能想像。

這自然而然讓我們好奇：我們是否應該接受自己的建議，考慮放棄？寫完這三本蘋果橘子系列著作之後，我們可能還有更多話要說嗎？會有任何人在乎嗎？或許，我們該上「蘋果橘子實驗」網站，看看硬幣怎麼說？如果你再也沒聽過我們的消息，你知道擲出來的結果是人頭……。

讓它去吧！祝大家好運

現在，我們已經來到最後幾頁。事情很明顯，放棄是「蘋果橘子思考術」的核心。或者，如果放棄依舊令你感到恐懼，讓我們把它想成「讓它去吧！」那些折磨我們的傳統看法，讓它去吧！那些拖住我們的人爲限制，以及害怕承認我們並不知道，讓它去吧！那些心理習慣，那些告訴我們球要踢角落，雖然我們瞄準中間會有較高成功率的東西，讓它去吧！

最後，我們還可以加上邱吉爾的例子。雖然他給了哈羅公學的年輕學子那段著名的經典建議，事實上，他自己是史上最常放棄的人。他進入政壇後，換了一個政黨又一個政黨，後來更是完全離開政府。他重返時，再度換了政黨，而他沒有放棄別人的時候，則是別人忙著把他給踢出去。他在政壇消沉了數年，譴責英國姑息納粹，一直到姑息政策失敗導致全面戰爭時，才再度回到政府。

即使是在最無望的時刻，邱吉爾面對希特勒依舊一寸不讓。他成爲英國軍事史學家約翰．季根（John Keegan）口中：「所有英國戰爭領袖中，最偉大的一個人。」或許，就是那一長串的放棄歷史，培養了邱吉爾在絕對必要時不屈不撓的勇氣。到了那個時候，他已經知道什麼時候值得放手，什麼不值得。

好了，我們已經表明我們的立場。你已經看到，沒有什麼靈丹妙藥。我們所做的一切，只是鼓勵大家用稍微不同的方式思考，多花一點工夫，多天馬行空一點。現在，換你了！當然，我們希望這本書能讓你得到樂趣。不過，如果這本書能幫到你，即使只是小小的幫助，都會讓我們得到最大的滿足。去糾正一些錯誤吧，去減輕一些重擔吧！甚至如果這是你的專長，去多吃一點熱狗吧。祝大家好運，讓我們知道你們提出哪些好點子*。讀到這裡，你現在也是「蘋果橘子思考術」的一員，讓我們一起努力。

謝辭

如同往常，我們最要感謝的優秀人士，讓我們在這本書說他們的故事。他們打開了自己的門、記憶，甚至是帳冊。

如同以往，蘇珊·格魯克（Suzanne Gluck）是我們的北極星，亨利·費里斯（Henry Ferris）是這份工作的正確人選，向你們兩位致上一百萬分謝意。我們還要感謝WME的每個人，以及威廉·摩洛（William Morrow）出版社。也要感謝亞力克斯·克尚保（Alexis Kirschbaum），以及英國企鵝出版集團（Penguin U.K.）其他現在與過去每位非常優秀的人員。

強納森·羅森（Jonathan Rosen）在我們最需要的時候，提供另一雙眼睛，一雙極富洞察力的眼睛。

＊請寫信給我們：ThinkLikeAFreak@freakonomics.com。

博瑞・蘭姆（Bourree Lam）是孜孜不倦的研究與全能助理；羅拉・L・葛林芬（Laura L. Griffin）是最優秀的事實查證人員。

嘿，哈利・沃克經紀公司（Harry Walker Agency）：你們是最棒的！

特別感謝艾琳・羅伯森（Erin Robertson），以及貝克中心（Becker Center）與TGG公司（the Greatest Good）的每個人。也要感謝傑出的蘋果橘子電台（Freakonomics Radio）成員：克里斯・班納（Chris Bannon）、柯林・坎貝爾（Collin Campbell）、格雷塔・科恩（Gretta Cohn）、安德魯・加特爾（Andrew Gartrell）、萊恩・哈根（Ryan Hagen）、大衛・賀曼（David Herman）、戴安娜・惠恩（Diana Huynh）、蘇西・雷希特伯格（Suzie Lechtenberg）、傑夫・摩森基斯（Jeff Mosenkis）、克里斯・奈里（Chris Neary）、葛雷格・羅莎斯基（Greg Rosalsky）、茉莉・偉伯斯特（Molly Webster）、凱薩琳・威爾斯（Katherine Wells），以及紐約公共廣播（WNYC）其他每一個人。

李維特：給身邊最親愛的大家，感謝每一件事；我何德何能。

杜伯納：給安雅・杜伯納（Anya Dubner）、所羅門・杜伯納（Solomon Dubner）、艾倫・杜伯納（Ellen Dubner），你們在我生命中的每一天，提供了安慰與快樂、芭蕾旋轉與足球胯下傳球，還有滿滿的愛。

注釋

下列是本書的故事資料來源，我們受惠於眾多學者、作家，以及其他提供研究的人士，在此感謝。讓我們舉杯向維基百科（www.wikipedia.org）致意，在我們寫書的這幾年，維基百科出現大幅度的進展。如果想找到幾乎任何主題的初步資料來源，這個極度珍貴的網站是第一站。感謝所有曾經對這個網站貢獻腦力、金錢及其他事物的人士。

1 什麼是「蘋果橘子思考術」？

19 「大學學歷依舊『值得』嗎？」請見：Stephen J. Dubner, "Freakonomics Goes to College, Parts 1 and 2," Freakonomics Radio, July 30, 2012, and August 16, 2012。關於大學的價值以及投資報酬，經濟學家大衛・卡德（David Card）已經就這個主題寫過許多很好的文章，內容包羅萬象。亦可參見：Ronald G. Ehrenberg, "American Higher Education in Transition," *Journal of Economic Perspectives* 26, no. 1

(Winter 2012)。／**19「把家族企業交給……是個好點子嗎？」**請見：Stephen J. Dubner, "The Church of Scionology," Freakonomics Radio, August 3, 2011。相關研究請見：Marianne Bertrand and Antoinette Schoar, "The Role of Family in Family Firms," *Journal of Economic Perspectives* 20, no. 2 (Spring 2006); Vikas Mehrotra, Randall Morck, Jungwook Shim, and Yupana Wiwattanakantang, "Adoptive Expectations: Rising Sons in Japanese Family Firms," *Journal of Financial Economics* 108, no. 3 (June 2013); and Francisco Pérez-González, "Inherited Control and Firm Performance," *American Economic Review* 96, no. 5 (2006)。／**19「很多人得到『腕隧道症候群』，然後呢？」**請見：Stephen J. Dubner, "Whatever Happened to the Carpal Tunnel Epidemic?," Freakonomics Radio, September 12, 2013。研究引自布萊德利・伊芬諾夫（Bradley Evanoff），他是華盛頓大學（Washington University）研究職業醫學的醫學博士，相關研究包括：T. Armstrong, A. M. Dale, A. Franzblau, and Evanoff, "Risk Factors for Carpal Tunnel Syndrome and Median Neuropathy in a Working Population," *Journal of Occupational and Environmental Medicine* 50, no. 12 (December 2008)。

21「想像你是足球員」：此一章節的統計數字引自：Pierre-André Chiappori, Steven D. Levitt, Timothy Groseclose, "Testing Mixed-Strategy Equilibria When Players Are Heterogeneous: The Case of Penalty Kicks in Soccer," *The American Economic Review* 92, no. 4 (September 2002)；亦請見：Stephen J. Dubner and Steven D. Levitt, "How to Take Penalties: Freakonomics Explains," *The (U.K.) Times*, June 12, 2010。足球速度請見：Eleftherios Kellis and Athanasios Katis, "Biomechanical Characteristics and Determinants of Instep Soccer Kick,"

Journal of Sports Science and Medicine 6 (2007)。感謝所羅門・杜伯納替本節提供意見，也感謝他對足球的熱愛。

26 **「如果你每天心情都很差，到底有誰想跟你結婚？」**：這段話由無可匹敵、無人能及的賈斯丁・沃夫（Justin Wolfers）提供，請見：Stephen J. Dubner, “Why Marry, Part 1,” Freakonomics Radio, February 13, 2014。請見：Betsey Stevenson and Wolfers, “Marriage and Divorce: Changes and Their Driving Forces,” NBER working paper 12944 (March 2007); Alois Stutzer and Bruno S. Frey, “Does Marriage Make People Happy, or Do Happy People Get Married?,” IZA discussion paper (October 2005)。

27 **「即使是最聰明的人，也會尋求證據證實他們原本的看法」**請見：Stephen J. Dubner, “The Truth Is Out There . . . Isn’t It?,” Freakonomics Radio, November 23, 2011；引自「文化認知計劃」及其他研究。

／27 人們會很想從衆，請見：Stephen J. Dubner, “Riding the Herd Mentality,” Freakonomics Radio, June 21, 2012。

28 **「很少人一年思考超過兩、三次」**：如同許多歷史上的名言，這句話很難確定出處，不過至少蕭伯納還在世時，以說了這句話聞名。一九三三年的《讀者文摘》（*Reader’s Digest*）將這句話歸功給蕭伯納，其他許多刊物也是。感謝 QuoteInvestigator.com 的加森・奧圖（Garson O’Toole）提供詳細考證。

28 **兒童汽車座椅是浪費時間**，請見：Joseph J. Doyle Jr. and Steven D. Levitt, “Evaluating the Effectiveness

of Child Safety Seats and Seat Belts in Protecting Children From Injury," *Economic Inquiry* 48, no. 3 (July 2010); Stephen J. Dubner and Levitt, "The Seat-Belt Solution," *The New York Times Magazine,* July 10, 2005; Levitt and Dubner, *SuperFreakonomics* (William Morrow, 2009)。／**28在地食材運動其實可能破壞環境，**請見：Christopher L. Weber and H. Scott Matthews, "Food-Miles and the Relative Climate Impacts of Food Choices in the United States," *Environmental Science & Technology* 42, no. 10 (April 2008); and Stephen J. Dubner, "You Eat What You Are, Part 2," Freakonomics Radio, June 7, 2012。

29 我們和卡麥隆的災難性會面：謝謝席爾瓦邀請我們參加那次及隨後的會面（雖然我們再也沒見過卡麥隆先生本人！），還要感謝大衛．哈爾彭（David Halpern）及其「行為研究小組」（Behavioral Insights Team）。／**31「英國最接近宗教的東西」**，請見：Nigel Lawson, *The View from No. 11: Memoirs of a Tory Radical* (Bantam Press, 1992)。／**31英國健保成本**請見：Adam Jurd, "Expenditure on Healthcare in the UK, 1997-2010," Office for National Statistics, May 2, 2012。／**31大衛．卡麥隆生平細節，**此部分大量引自：Francis Elliott and James Hanning, *Cameron: Practically a Conservative* (Fourth Estate, 2012)，原刊載於：*Cameron: The Rise of the New Conservative*，內容雖然有點小報式的筆調，卻是一本詳盡傳記。／**32高成本比例用在最後幾個月：**值得注意的臨終醫療照護討論，請見：Ezekiel J. Emanuel, "Better, if Not Cheaper, Care," *New York Times,* January 4, 2013。

2 最難說出口的三個字

35 一個叫瑪麗的小女孩：此處要特別感謝亞曼達．沃特曼（Amanda Waterman），她是里茲大學（University of Leeds）發展心理學家。關於孩童與成人「無法回答的問題」此一主題，文獻不多但十分有趣。沃特曼是這方面的重要研究者。請見：Waterman and Mark Blades, "Helping Children Correctly Say 'I Don't Know' to Unanswerable Questions," *Journal of Experimental Psychology: Applied* 17, no. 4 (2011); Waterman, Blades, and Christopher Spencer, "Interviewing Children and Adults: The Effect of Question Format on the Tendency to Speculate," *Applied Cognitive Psychology* 15 (2001); Waterman and Blades, "The Effect of Delay and Individual Differences on Children's Tendency to Guess," *Developmental Psychology* 49, no. 2 (February 2013); Alan Scoboria, Giuliana Mazzoni, and Irving Kirsch, "'Don't Know' Responding to Answerable and Unanswerable Questions During Misleading and Hypnotic Interviews," *Journal of Experimental Psychology: Applied* 14, no. 3. (September 2008); Claudia M. Roebers and Olivia Fernandez, "The Effects of Accuracy Motivation and Children's and Adults' Event Recall, Suggestibility, and Their Answers to Unanswerable Questions," *Journal of Cognition and Development* 3, no. 4 (2002)。

36 **「每個人都有權擁有自己的觀點，但不是每個人都有權把自己想的當成事實」**：莫伊尼漢說這句話的時間是一九九五年十月二十六日，地點為美國華府全國記者俱樂部（National Press

Club）的「傑羅列維經濟學協會會議」（Jerome Levy Economics Institute Conference）。出處請見：*The Dictionary of Modern Proverbs* (Yale University Press, 2012) by Charles Clay Doyle, Wolfgang Mieder, and Fred R. Shapiro。第一個提出的人是伯納．M．柏魯克（Bernard M. Baruch）。

37 **民眾相不相信有惡魔與「錯誤發起人」**：感謝格雷瑟在芝加哥大學二〇〇六年四月蓋瑞．貝克（Gary Becker）紀念研討會中的演講。惡魔民調數字取自：European Values Study 1990: Integrated Dataset (EVS, 2011), GESIS Data Archive, Cologne。九一一數字取自蓋洛普調查（Gallup）："Blame for Sept. 11 Attacks Unclear for Many in Islamic World," March 1, 2002；亦請見：Matthew A. Gentzkow and Jesse M. Shapiro, "Media, Education and Anti-Americanism in the Muslim World," *Journal of Economic Perspectives* 18, no. 3 (Summer 2004)。

39 **預測的可笑**：「預測是非常困難的一件事……」：物理學家波耳「喜歡引用」這句話；這句話和知名丹麥卡通畫家史托姆．彼得森（Storm P.）也很有淵源，不過他大概也不是最先說這句話的人。／**40 令人印象最深刻的研究**，請見：Philip E. Tetlock, *Expert Political Judgment: How Good Is It? How Can We Know?* (Princeton University Press, 2005)；以及 Stephen J. Dubner, "The Folly of Prediction," Freakonomics Radio, September 14, 2011。經濟預測請見：Jerker Denrell and Christina Fang, "Predicting the Next Big Thing: Success as a Signal of Poor Judgment," *Management Science* 56, no. 10 (2010)；NFL 預測請見：Christopher Avery and Judith Chevalier, "Identifying Investor Sentiment From Price Paths:

The Case of Football Betting," *Journal of Business* 72, no. 4 (1999)。／**40 ＣＸＯ顧問集團的類似研究**，請見："Guru Grades," CXO Advisory Group。／**41聰明的人喜歡做聽起來聰明的預測**，請見：Paul Krugman, "Why Most Economists' Predictions Are Wrong," *Red Herring*, June 1998。感謝網際網路檔案館的「時光機」（Internet Archive Wayback Machine）。／**42超過全世界前十八名以外國家的ＧＤＰ**：Google、亞馬遜、臉書、蘋果的市值依據二〇一四年二月十一日股價計算；此十八國爲澳洲、巴西、加拿大、中國、法國、德國、印度、印尼、義大利、日本、墨西哥、俄國、南韓、西班牙、荷蘭、英國、美國與土耳其（請見：CIA World Factbook）。

43 我們甚至也不太了解自己，請見：Clayton R. Critcher and David Dunning, "How Chronic Self-Views Influence (and Mislead) Self-Assessments of Task Performance: Self-Views Shape Bottom-Up Experiences with the Task," *Journal of Personality and Social Psychology* 97, no. 6 (2009)。感謝丹尼爾・康納曼（Danny Kahneman）與湯姆・吉羅維奇（Tom Gilovich）讓我們注意到這份研究。亦參見：Dunning et al., "Why People Fail to Recognize Their Own Incompetence," *Current Directions in Psychological Science* 12, no. 3 (June 2003)。

43 當被要求評估自己的開車能力時，請見：Iain A. McCormick, Frank H. Walkey, and Dianne E. Green, "Comparative Perceptions of Driver Ability—A Confirmation and Expansion," *Accident Analysis & Prevention* 18, no. 3 (June 1986); and Ola Svenson, "Are We All Less Risky and More Skillful Than Our Fellow Drivers?," *Acta*

Psychologica 47 (1981)。

44 「ULTRACREPIDARIANISM」：我們感謝安德斯・艾瑞克森（Anders Ericsson）及其眾多同仁努力不懈的研究，多篇相關研究收錄於：Ericsson, Neil Charness, Paul J. Feltovich, and Robert R. Hoffman, *The Cambridge Handbook of Expertise and Expert Performance* (Cambridge University Press, 2006)；亦請見：Steven D. Levitt, John A. List, and Sally E. Sadoff, "Checkmate: Exploring Backward Induction Among Chess Players," *American Economics Review* 101, no. 2 (April 2011); Chris Argyris, "Teaching Smart People How to Learn," *Harvard Business Review,* May 1991。我們對「ultracrepidarianism」的定義取自：FreeDictionary.com。

44 伊拉克戰爭的成本，請見：Linda J. Bilmes, "The Financial Legacy of Iraq and Afghanistan: How Wartime Spending Decisions Will Constrain Future National Security Budgets," Harvard Kennedy School Faculty Research Working Paper Series RWP13-006 (March 2013); Amy Belasco, "The Cost of Iraq, Afghanistan, and Other Global War on Terror Operations Since 9/11," Congressional Research Service, March 29, 2011。

45 年長的基督教電台牧師哈羅德・康平，請見：Robert D. McFadden, "Harold Camping, Dogged Forecaster of the End of the World, Dies at 92," *New York Times*, December 17, 2013; Dan Amira, "A Conversation with Harold Camping, Prophesier of Judgment Day," Daily Intelligencer blog, *New York Magazine*, May 11, 2011; Harold Camping, "We Are Almost There!," Familyradio.com。感謝網際網路檔案館的「時光機」。

46 羅馬尼亞女巫，請見：Stephen J. Dubner, "The Folly of Prediction," Freakonomics Radio, September 14,

2011; "Witches Threaten Romanian Taxman After New Labor Law," BBC, January 6, 2011; Alison Mutler, "Romania's Witches May Be Fined If Predictions Don't Come True," Associated Press, February 8, 2011。

47 **船隻羅盤及金屬干擾**，請見：A. R. T. Jonkers, *Earth's Magnetism in the Age of Sail* (Johns Hopkins University Press, 2003); T. A. Lyons, *A Treatise on Electromagnetic Phenomena and on the Compass and Its Deviations Aboard Ship, Vol. 2* (John Wiley & Sons, 1903)。感謝羅森（Jonathan Rosen）指出這個點子。

47 **想想像自殺這種嚴肅議題**：這項主題更為完整的探討，請見：Stephen J. Dubner, "The Suicide Paradox," Freakonomics Radio, August 31, 2011。我們要特別感謝萊斯特兼具深度與廣度的研究，還要感謝他多次接受訪問。我們也大量引用：David M. Cutler, Edward L. Glaeser, and Karen E. Norberg, "Explaining the Rise in Youth Suicide"，取自：Jonathan Gruber (editor), *Risky Behavior Among Youths: An Economic Analysis* (University of Chicago Press, 2001)。美國疾病控制與預防中心（Centers for Disease Control and Prevention）與國家生命統計系統（National Vital Statistics System）也提供相當大的協助；亦請見：Robert E. McKeown, Steven P. Cuffe, and Richard M. Schulz, "U.S. Suicide Rates by Age Group, 1970-2002: An Examination of Recent Trends," *American Journal of Public Health* 96, no. 10 (October 2006)。其中一個主題是「自殺矛盾」（suicide paradox），也就是自殺與幸福增加的關聯，請見：Cutler et al.，亦請見：A. F. Henry and J. F. Short, *Suicide and Homicide* (Free Press, 1954); David Lester, "Suicide, Homicide, and the Quality of Life: An Archival Study," *Suicide and Life-Threatening Behavior*, 1693 (fall 1986); Lester, "Suicide,

Homicide, and the Quality of Life in Various Countries," *Acta Psychiatrica Scandinavica* 81 (1990); E. Hem et al., "Suicide Rates According to Education with a Particular Focus on Physicians in Norway 1960-2000," *Psychological Medicine* 35, no. 6 (June 2005); Mary C. Daly, Andrew J. Oswald, Daniel Wilson, Stephen Wu, "The Happiness-Suicide Paradox," Federal Reserve Bank of San Francisco working paper 2010-30; Daly, Wilson, and Norman J. Johnson, "Relative Status and Well-Being: Evidence from U.S. Suicide Deaths," Federal Reserve Bank of San Francisco working paper 2012-16。／**47美國兇殺率創五十年來新低**，請見：James Alan Fox and Marianne W. Zawitz, "Homicide Trends in the United States," Bureau of Justice Statistics; and "Crime in the United States 2012," Federal Bureau of Investigation's Uniform Crime Reports, Table 16。／**47交通死亡率也創歷史新低**，請見：Stephen J. Dubner, "The Most Dangerous Machine," Freakonomics Radio, December 5, 2013；蒐集此一研究的相關資料時，西北大學研究交通安全的經濟學家伊恩・薩維奇（Ian Savage）提供很大助益。亦請見："Traffic Safety Facts: 2012 Motor Vehicle Crashes: Overview," National Highway Traffic Safety Administration, November 2013。

54 **為了計算送數百萬人到監獄的間接效果**，請見：Steven D. Levitt, "The Effect of Prison Population Size on Crime Rates: Evidence from Prison Overcrowding Litigation," *The Quarterly Journal of Economics* 111, no. 2 (May 1996)。／**54分析墮胎與犯罪的關係……**，請見：John J. Donohue III and Levitt, "The Impact of Legalized Abortion on Crime," *The Quarterly Journal of Economics* 116, no. 2 (May 2001)。

54 得到好反饋，更好的方式是田野實驗：約翰．李斯特（John List）是現代田野實驗大師，我們大量合作，並在《超爆蘋果橘子經濟學》第三章提到他。此一主題的迷人導覽，請見：Uri Gneezy and John A. List, *The Why Axis: Hidden Motives and the Undiscovered Economics of Everyday Life* (Public Affairs, 2013)。

55 貴的酒，眞的比較好喝嗎？這項主題更完整的討論，請見：Stephen J. Dubner, "Do More Expensive Wines Taste Better?" Freakonomics Radio, December 16, 2010。裡頭介紹李維特在學者學會的品酒盲目測試，以及高史坦大量的盲目測試實驗。高史坦的發現的基本研究，請見：Goldstein, Johan Almenberg, Anna Dreber, John W. Emerson, Alexis Herschkowitsch, and Jacob Katz, "Do More Expensive Wines Taste Better? Evidence from a Large Sample of Blind Tastings," *Journal of Wine Economics* 3, no. 1 (Spring 2008)；亦請見：Steven D. Levitt, "Cheap Wine," Freakonomics.com, July 16, 2008。高史坦的研究顯示，品酒專家比一般喝酒的民衆遠遠更能識酒，進一步的研究則甚至挑戰此一假設。*The Journal of Wine Economics* 的另一份研究發現，專家的判斷力該怎麼說呢？嗯，相當不專家。例如一份葡萄酒比賽裁判的研究發現，在某場比賽奪得金牌的酒換了一場比賽後，大多一個獎也沒得。作者寫道：「因此許多在某些比賽被視爲出類拔萃的葡萄酒，在其他比賽被視爲低於一般水準。」請見：Robert T. Hodgson, "An Analysis of the Concordance Among 13 U.S. Wine Competitions," *Journal of Wine Economics* 4, no. 1 (spring 2009)。／**58 大無畏餐廳的糟糕酒單**：高史坦在「美國葡萄酒經濟

學協會」（American Association of Wine Economists）二〇〇八年的年會上，揭曉自己的卓越獎惡作劇。此一事件被大幅報導，《葡萄酒大觀》大力替自己的頒獎機制辯護；執行編輯表示，雜誌從未宣稱造訪每一家申請獎項的餐廳，而且他們已經做了大無畏餐廳的盡職調查：造訪網站及打電話給餐廳，但一直是答錄機接聽。亦請見：Goldstein, "What Does It Take to Get a Wine Spectator Award of Excellence," Blindtaste.com, August 15, 2008。

60 記得那些英國學童嗎：請見：Amanda H. Waterman and Mark Blades, "Helping Children Correctly Say 'I Don't Know' to Unanswerable Questions, *Journal of Experimental Psychology: Applied* 17, no. 4 (2011)。

3 你究竟有什麼問題？

64 教師技能，參見 National Bureau of Economic Research 兩部分論文，作者：Raj Chetty, John N. Friedman, and Jonah E. Rockoff, "The Long-term Impacts of Teachers: Teach Value-added and Student Outcomes in Adulthood" (September 2013)。／**64 聰明女性現在有眾多工作選擇**，請見：Marigee P. Bacolod, "Do Alternative Opportunities Matter? The Role of Female Labor Markets in the Decline of Teacher Supply and Teacher Quality, 1940-1990," *Review of Economics and Statistics* 89, no. 4 (November 2007); and Harold O. Levy, "Why the Best Don't Teach," *The New York Times*, September 9, 2000。／**64 芬蘭教師(等) VS. 美國教師**，參見："Top Performing Countries," Center on International Education Benchmarking (2013), available at http://www.ncee.org;

Byron Auguste, Paul Kihn, and Matt Miller, "Closing the Talent Gap: Attracting and Retaining Top-Third Graduates to Careers in Teaching," McKinsey & Company (Sept 2010)。麥肯錫這此份報告受到批評，因爲該報告依據SAT分數／中學GPA排出前三分之一，而且僅調查一小部分新教師。感謝艾瑞克・庫比爾（Eric Kumbier）透過電子郵件向我們指出這點。／**64家長對孩童教育的影響**，可參見：Marianne Bertrand and Jessica Pan, "The Trouble with Boys: Social Influences and the Gender Gap in Disruptive Behavior," *American Economic Journal: Applied Economics* 5, no. 1 (2013); Shannon M. Pruden, Susan C. Levine, and Janellen Huttenlocher, "Children's Spatial Thinking: Does Talk About the Spatial World Matter?," *Developmental Science* 14 (November 2011); Bruce Sacerdote, "How Large Are the Effects from Changes in Family Environment? A Study of Korean American Adoptees," *The Quarterly Journal of Economics* 122, no.1 (2007); Roland G. Fryer Jr. and Steven D. Levitt, "Understanding the Black-White Test Score Gap in the First Two Years of School," *The Review of Economics and Statistics* 86, no. 2 (May 2004); Huttenlocher, Marina Vasilyeva, Elina Cymerman, and Susan Levine, "Language Input and Child Syntax," *Cognitive Psychology* 45, no. 3 (2002)。／**64「爲什麼美國孩子知道的比……少？」**，請見Program for International Student Assessment (PISA)二〇一二年報告。／**65把那個孩子丟給……讓老師施展奇蹟**：這方面一個罕見的熱烈討論例子，請見："The Depressing Data on Early Childhood Investment," interview with Jerome Kagan by Paul Solman, PBS.org (March 7, 2013)。

65

小林尊傳奇：我們要感謝小林尊，他無數小時引人入勝的談話，最後延伸成數年交誼，還要感謝幫助我們對話的人士，包括Maggie James、Noriko Okubo、Akiko Funatsu、Anna Berry、久美等人。小林尊深信快食是一種習得的技能，他說只要六個月時間，他可以訓練我們其中一人吃下五十個熱狗麵包。我們尚未接受他的提議，不過杜伯納的確上過小林尊一堂課，地點是紐約的葛雷木瓜熱狗店（Gray's Papaya）。

我們許多資料取材自報導過小林尊與大胃王比賽的記者，特別是傑森・法戈（Jason Fagone），他寫過《食道騎士》一書（*Horsemen of the Esophagus: Competitive Eating and the Big Fat AmericanDream*。法戈一開始就領著我們走上正確方向。我們引用的其他資料包括：Fagone, “Dog Bites Man,” Slate.com, July 8, 2010; Bill Belew,

"Takeru 'Tsunami' Kobayashi Training & Techniques to Defeat Joey Chestnut," The Biz of Knowledge website, June 29, 2007; "How Do You Speed Eat?" BBC News Magazine, July 4, 2006; Sarah Goldstein, "The Gagging and the Glory," Salon.com, April 19, 2006; Josh Ozersky, "On Your Mark. Get Set. Pig Out," *New York,* June 26, 2005; Chris Ballard, "That Is Going to Make You Money Someday," *The New York Times,* August 31, 2003, Associated Press, "Kobayashi's Speedy Gluttony Rattles Foes," ESPN.com, July 4, 2001。／**67主辦者承認那是他們捏造的歷史**，參見：Sam Roberts, "No, He Did Not Invent the Publicity Stunt," *New York Times,* August 18, 2010。／**學童噎死事件**，參見：Tama Miyake, "Fast Food," *Metropolis,* November 17, 2006。／**69對手是一頭半噸重的科迪亞克棕熊**，參見：Larry Getlen, "The Miracle That Is Kobayashi," *The Black Table* website, May 19, 2005。／**71熱狗麵包挑戰**：感謝蘋果橘子電台的工作人員嘗試這件事（並失敗）。如同製作人羅莎斯基所言：「第一個麵包像海綿一樣吸乾你的口水，然後似乎幾乎不可能吃第二個。」／**73「我希望監獄裡有熱狗」**，請見："Kobayashi Freed, Pleads Not Guilty," ESPN.com News Services. 美聯社（Associated Press）做過報導。ESPN New York, July 5, 2010。／**75即使是頂尖運動員也能被騙過**，請見：M. R. Stone, K. Thomas, M. Wilkinson, A. M. Jones, A. St. Clair Gibson, and K. G. Thompson, "Effects of Deception on Exercise Performance: Implications for Determinants of Fatigue in Humans," *Medicine & Science in Sports & Exercise* 44, No. 3 (March 2012); Gina Kolata, "A Little Deception Helps Push Athletes to the Limit," *New York Times*, September 19, 2011. Thanks also to Kolata for the Roger Bannister quote, which we appropriated。／**76「我可以繼續吃」**：再次感謝法戈的引用；這句話出現在《大西洋》（*The Atlantic*）二〇〇六年五月號，摘自他的《食道騎士》一書。

4 真相就像髮根沒染的布丁頭，藏在根源裡

78「挨餓是……的特徵」，請見：Amartya Sen, *Poverty and Famines: An Essay on Entitlement and Deprivation* (Oxford Univ. Press, 1981)。／**78我們丟棄驚人的四成食物**，參見："USDA and EPA Launch U.S. Food Waste Challenge," USDA new release, June 4, 2013。

78暴力犯罪的起伏請見：Steven D. Levitt and Stephen J. Dubner, *Freakonomics* (William Morrow, 2005); and Levitt, "Understanding Why Crime Fell in the 1990s: Four Factors That Explain the Decline and Six That Do Not," *Journal of Economic Perspectives* 18, no. 1 (winter 2004), pp. 163-190。／**80今日的兇殺率……低於一九六〇年**，請見：Erica L. Smith and Alexia Cooper, "Homicide in the U.S. Known to Law Enforcement, 2011," Bureau of Justice Statistics (Dec. 2013); U.S. Department of Justice, Federal Bureau of Investigation, "Crime in the United States, 2011," Table 1; Barry Krisberg, Carolina Guzman, Linh Vuong, "Crime and Economic Hard Times," National Council on Crime and Delinquency (February 2009); and James Alan Fox and Marianne W. Zawitz, "Homicide Trends in the United States," Bureau of Justice Statistics (2007)。／**80墮胎與犯罪的關聯**，請見：Levitt and Dubner, *Freakonomics* (William Morrow, 2005)；以及 John J. Donohue III and Levitt, "The Impact of

Legalized Abortion on Crime," *The Quarterly Journal of Economics* 116, no. 2 (May 2001)。

81 **假設你是德國工廠工人**，參見：Jörg Spenkuch, "The Protestant Ethic and Work: Micro Evidence From Contemporary Germany," University of Chicago working paper。此處亦依據作者與史班庫的對談，我們要感謝史班庫替我們的原稿提供意見。新教徒工作倫理的進一步證據，請見：Andre van Hoorn, Robbert Maseland, "Does a Protestant Work Ethic Exist? Evidence from the Well-Being Effect of Unemployment," *Journal of Economic Behavior & Organization* 91 (July 2013)。在此同時，大衛．坎托尼（Davide Cantoni）主張新教倫理並未改善德國的經濟成果，參見：Cantoni, "The Economic Effects of the Protestant Reformation: Testing the Weber Hypothesis in the German Lands," job market paper, November 10, 2009。／85 **但我們要替德國舊教徒說句話……（腳注）**，參見：Spenkuch and Philipp Tillmann, "Elite Influence? Religion, Economics, and the Rise of the Nazis," working paper, 2013。

84 **舉例來說，爲什麼義大利某些市鎭……**，參見：Luigi Guiso, Paola Sapienza, and Luigi Zingales, "Long-Term Persistence," July 2013 working paper；亦可參見相同作者先前的版本："Long-Term Cultural Persistence," September 2012 working paper；亦見："Long-Term Persistence," European University Institute working paper 2008. Hat tip to Hans-Joachim Voth and Nico Voigtländer, "Hatred Transformed: How Germans Changed Their Minds About Jews, 1890-2006," *Vox,* May 1, 2012。

84 **非洲的種族紛爭**，請見：Stelios Michalopoulos and Elias Papaioannou, "The Long-Run Effects of the Scram-

ble for Africa," NBER working paper, November 2011; and Elliott Green, "On the Size and Shape of African States," *International Studies Quarterly* 56, no. 2 (June 2012)。

85 **殖民主義的傷疤，也依舊困擾著南美**，參見：Melissa Dell, "The Persistent Effects of Peru's Mining *Mita,*" MIT working paper, January 2010; and Daron Acemoglu, Camilo Garcia-Jimeno, and James A. Robinson, "Finding Eldorado: Slavery and Long-Run Development in Colombia," NBER working paper, June 2012。

86 **非裔美國人高血壓的鹽敏感性理論**。本節依據作者的佛萊爾訪問，請見：Stephen J. Dubner, "Toward a Unified Theory of Black America," *New York Times Magazine,* March 20, 2005. 我們也要感謝馬克・華倫（Mark Warren）一篇傑出的文章，參見：*Esquire,* "Roland Fryer's Big Ideas" (December 2005)。亦請見：David M. Cutler, Roland G. Fryer Jr., and Edward L. Glaeser, "Racial Differences in Life Expectancy: The Impact of Salt, Slavery, and Selection," unpublished manuscript, Harvard University and NBER, March 1, 2005; and Katherine M. Barghaus, David M. Cutler, Roland G. Fryer Jr., and Edward L. Glaeser, "An Empirical Examination of Racial Differences in Health," unpublished manuscript, Harvard University, University of Pennsylvania, and NBER, November 2008。進一步的背景討論，請見：Gary Taubes, "Salt, We Misjudged You," *The New York Times,* June 3, 2012; Nicholas Bakalar, "Patterns: Less Salt Isn't Always Better for the Heart," *The New York Times,* November 29, 2011; Martin J. O'Donnell et al., "Urinary Sodium and Potassium Excretion and Risk of Cardiovascular Events," *The Journal of the American Medical Association* 306, no. 20 (November 23/30, 2011); Michael H. Al-

derman, "Evidence Relating Dietary Sodium to Cardiovascular Disease," *Journal of the American College of Nutrition* 25, no. 3 (2006); Jay Kaufman, "The Anatomy of a Medical Myth," *Is Race "Real"?*, SSRC Web Forum June 7, 2006; Joseph E. Inikori and Stanley L. Engerman, *The Atlantic Slave Trade: Effects on Economies, Societies and Peoples in Africa, the Americas, and Europe* (Duke University Press, 1998); and F. C. Luft et al., "Salt Sensitivity and Resistance of Blood Pressure. Age and Race as Factors in Physiological Responses," *Hypertension* 17 (1991)。

／86 **「英格蘭人嚐非洲人的汗」**。此處取自布朗大學約翰・卡特・布朗圖書館。原始出處：M. Chambon, *Le Commerce de l'Amerique par Marseille* (Avignon, 1764), vol. 2, plate XI, facing p 400。

88 **「我們活在科學的年代……」**，請見：Roy Porter, *The Greatest Benefit to Mankind: A Medical History of Humanity from Antiquity to the Present* (HarperCollins, 1997)。

88 **想想潰瘍**：馬歇爾（與沃倫）的英雄故事從頭到尾引人入勝，我們強力推薦大家多讀他的故事，可以挑下列任何一篇或是全部的出處來源閱讀，裡頭有更多潰瘍與製藥產業的一般資訊。馬歇爾本人的故事，我們則主要倚賴可敬的斯旺很棒的長篇訪問，斯旺是澳洲擔任新聞工作者的醫師。請見：Norman Swan, "Interviews with Australian Scientists: Professor Barry Marshall," Australian Academy of Science, 2008。感謝馬歇爾醫師針對本書與他有關的章節，以及第五章提供大有助益的意見。此外，我們亦引用：Kathryn Schulz, "Stress Doesn't Cause Ulcers! Or, How to Win a Nobel Prize in One Easy Lesson: Barry Marshall on Being . . . Right," Slate.com, September 9, 2010; Pamela Wein-

traub, "The Dr. Who Drank Infectious Broth, Gave Himself an Ulcer, and Solved a Medical Mystery," *Discover,* March 2010; and "Barry J. Marshall, Autobiography," The Nobel Prize in Physiology or Medicine 2005, Nobelprize.org, 2005。／**89第一個眞正暢銷的藥物**，參見：Melody Petersen, *Our Daily Meds: How the Pharmaceutical Companies Transformed Themselves into Slick Marketing Machines and Hooked the Nation on Prescription Drugs* (Sarah Crichton Books, 2008); and Shannon Brownlee, "Big Pharma's Golden Eggs," *Washington Post,* April 6, 2008; "Having an Ulcer Is Getting a Lot Cheaper," *BusinessWeek,* May 8, 1994。／**89過去，部分醫學研究人員可能已經建議過……**：特別是哈佛的Ａ．史東．費利伯格醫生（Dr. A. Stone Freedberg），他在一九四〇年代發表過一篇論文，提到「患有潰瘍與胃癌的病患身上有四成發現類似細菌」，請見：Lawrence K. Altman, "Two Win Nobel Prize for Discovering Bacterium Tied to Stomach Ailments," *The New York Times*, October 4, 2005；另見：Lawrence K. Altman, "A Scientist, Gazing Toward Stockholm, Ponders 'What If?,'" *New York Times,* December 6, 2005。／**92即使在今天，許多人依舊相信潰瘍是壓力……造成**：或許他們依舊受到紐約市脾氣剛烈的著名市長郭德華（Ed Koch）影響。他曾經說過：「我是那種從不得潰瘍的人。爲什麼？因爲我心裡想什麼，嘴巴就說什麼。我是那種可能給別人潰瘍的人。」請見：Maurice Carroll, "How's He Doing? How's He Doing?," *New York Times,* December 24, 1978。

93便便的神奇力量：本節主要依據訪談，我們訪問了腸胃科專家博羅迪、亞歷山大．寇拉斯

（Alexander Khoruts），以及麥可・李維特（李維特的父親），請見：Stephen J. Dubner, "The Power of Poop," Freakonomics Radio, March 4, 2011。我們也要感謝博羅迪替本節提供寶貴意見，亦請見：Borody, Sudarshan Paramsothy, and Gaurav Agrawal, "Fecal Microbiota Transplantation: Indications, Methods, Evidence, and Future Directions," *Current Gastroenterology Reports* 15, no. 337 (July 2013); W. H. Wilson Tang et al., "Intestinal Microbial Metabolism of Phosphatidylcholine and Cardiovascular Risk," *New England Journal of Medicine* 368, no. 17 (April 2013); Olga C. Aroniadis and Lawrence J. Brandt, "Fecal Microbiota Transplantation: Past, Present and Future," *Current Opinion in Gastroenterology* 29, no. 1 (January 2013); "Jonathan Eisen: Meet Your Microbes," TEDMED Talk, Washington, D.C., April 2012; Borody and Khoruts, "Fecal Microbiota Transplantation and Emerging Applications," *Nature Reviews Gastroenterology & Hepatology* 9, no. 2 (2011); Khoruts et al., "Changes in the Composition of the Human Fecal Microbiome After Bacteriotherapy for Recurrent *Clostridium Difficile*-Associated Diarrhea," *Journal of Clinical Gastroenterology* 44, no. 5 (May/June 2010); Borody et al., "Bacteriotherapy Using Fecal Flora: Toying with Human Motions," *Journal of Clinical Gastroenterology* 38, no. 6 (July 2004)。／**94看起來像是巧克力牛奶**：這是賈斯伯・克勒（Josbert Keller）的說法，他是海牙哈加醫院（HagaZiekenhuis）腸胃科醫師，著有："Duodenal Infusion of Donor Feces for Recurrent *Clostridium difficile*," *New England Journal of Medicine* 368 (2013):407-415；亦請見：Denise Grady, "When Pills Fail, This, er, Option Provides a Cure," *New York Times*, January 16, 2013。／**94大腸炎「先前是無法治癒的疾**

病」，請見：Borody and Jordana Campbell, "Fecal Microbiota Transplantation: Techniques, Applications, and Issues," *Gastroenterology Clinics of North America* 41 (2012); and Borody, Eloise F. Warren, Sharyn Leis, Rosa Surace, and Ori Ashman, "Treatment of Ulcerative Colitis Using Fecal Bacteriotherapy," *Journal of Clinical Gastroenterology* 37, no. 1 (July 2003)。

5 像個孩子般思考

98 「高招」與詭辯家（腳注）：引自 worldwidewords.org 的「Sophisticated」條目，作者是傑出的英國詞源學家麥可・昆寧（Michael Quinion）。

99 「解釋大自然的一切……都是太困難的任務」，請見：Isaac Newton and J. E. McGuire, "Newton's 'Principles of Philosophy': An Intended Preface for the 1704 'Opticks' and a Related Draft Fragment," *The British Journal for the History of Science* 5, no. 2 (December 1970)：感謝蘋果橘子電台製作人威爾斯，她替杜伯納寫下腳本：Stephen J. Dubner, "The Truth Is Out There . . . Isn't It?," Freakonomics Radio, November 23, 2011。

100 喝酒走路，請見：Steven D. Levitt and Stephen J. Dubner, *SuperFreakonomics* (William Morrow, 2009)。／100 夫婦合營的貝果外送小公司：Levitt and Dubner, *Freakonomics* (William Morrow, 2005)。／100 槍枝與游泳池：Levitt and Dubner, *Freakonomics*。

101 **視力不佳與課堂表現**，請見：Stephen J. Dubner, "Smarter Kids at 10 Bucks a Pop," Freakonomics Radio, April 8, 2011。此處主要依據作者與葛雷文、朴之水的訪談，以及他們的論文："Visualizing Development: Eyeglasses and Academic Performance in Rural Primary Schools in China," University of Minnesota Center for International Food and Agricultural Policy, working paper WP12-2 (2012)，共同作者爲趙萌。亦請見：Douglas Heingartner, "Better Vision for the World, on a Budget," *New York Times*, January 2, 2010; and "Comprehensive Eye Exams Particularly Important for Classroom Success," American Optometric Association (2008)。「四眼田雞」汙名與「沒有度數的眼鏡」（腳注），參見：Dubner, "Playing the Nerd Card," Freakonomics Radio, May 31, 2012。

103 **愛因斯坦**（Albert Einstein）**喜歡講一句話……**：再次感謝 QuoteInvestigator.com 的奧圖（Garson O'Toole）。

103 **讓我們暫時回到馬歇爾的故事**。再一次，我們大量引用斯旺傑出的馬歇爾訪談：Norman Swan, "Interviews with Australian Scientists: Professor Barry Marshall," Australian Academy of Science, 2008。

105 **「專家表現」**：可從此篇文章著手：Stephen J. Dubner and Steven D. Levitt, "A Star Is Made," *The New York Times Magazine*, May 7, 2006。我們再次感謝艾瑞克森，他以及他眾多出色同仁的代表性成果收錄於：Ericsson, Neil Charness, Paul J. Feltovich, and Robert R. Hoffman, *The Cambridge Handbook of Expertise and Expert Performance* (Cambridge University Press, 2006)。這個主題的相關書籍，請見：Daniel

Coyle, *The Talent Code* (Bantam, 2009); Geoff Colvin, *Talent Is Overrated* (Portfolio, 2008)；以及 Malcolm Gladwell, *Outliers* (Little, Brown & Co., 2008)。

106 **獎金連動帳戶**。這個主題更完整的探討請見：Stephen J. Dubner, "Could a Lottery Be the Answer to America's Poor Savings Rate?," Freakonomics Radio, November 18, 2010；以及 Dubner, "Who Could Say No to a 'No-Lose Lottery?,'" Freakonomics Radio, Dec. 2, 2010。這幾集訪問的來賓包括梅麗莎・S・克爾尼（Melissa S. Kearney）與彼得・杜方諾（Peter Tufano），兩人都對這項主題有極爲深入的了解。可參見：Kearney, Tufano, Jonathan Guryan, and Erik Hurst, "Making Savers Winners: An Overview of Prize-Linked Saving Products," in Olivia S. Mitchell and Annamaria Lusardi (eds.), *Financial Literacy: Implications for Retirement Security and the Financial Marketplace* (Oxford University Press, 2011)。

109 **比較難用魔術騙孩子**：史東一節主要依據作者訪談。亦請見：*Fooling Houdini: Magicians, Mentalists, Math Geeks, and the Hidden Powers of the Mind* (HarperCollins, 2012)；以及 Steven D. Levitt, "*Fooling Houdini* Author Alex Stone Answers Your Questions," Freakonomics.com, July 23, 2012。「付出注意力」這點，史東引用發展心理學家艾莉森・高普尼克（Alison Gopnik）的眞知灼見。高普尼克著有：*The Philosophical Baby: What Children's Minds Tell Us About Truth, Love, and the Meaning of Life* (Farrar, Straus and Giroux, 2009)。孩子與錯覺的進一步探討，請見：Bruce Bower, "Adults Fooled by Visual Illusion, But Not Kids," *ScienceNews* via Wired.com, November 23, 2009; and Vincent H. Gaddis, "The Art of Honest De-

ception," StrangeMag.com。

112 作家辛格爲孩子寫作，請見：Singer, "Why I Write for Children"，此爲替一九七〇年一場頒獎典禮準備的講稿，於一九七八年諾貝爾頒獎演說中宣讀，重印於：Singer, *Nobel Lecture* (Farrar, Straus & Giroux, 1979)。感謝羅森（Jonathan Rosen）讓我們注意到這個演說，以及其他許多好資料。

6 就像給小朋友巧克力

113 亞曼達與 M&M's 巧克力。這個故事的有趣動畫版請見：*Freakonomics: The Movie*。查德・褚德萬（Chad Troutwine）是這支影片的首席製作人；導演塞斯・戈登（Seth Gordon）指導製作亞曼達情節的團隊。

115 美國成人現在平均約比幾十年前重十一公斤左右，請見：Centers for Disease Control, "Mean Body Weight, Height, and Body Mass Index, United States 1960-2002"; USDA, "Profiling Food Consumption in America," chapter 2 in the *Agriculture Factbook 2001-2002*; USDA "Percent of Household Final Consumption Expenditures Spent on Food, Alcoholic Beverages, and Tobacco That Were Consumed at Home, by Selected Countries, 2012," ERS Food Expenditure Series。／115 爲什麼我們變得這麼胖？：食物與價格之間的關係，有著有時令人混淆的大量文獻。計算食物價格的方法有著大量爭議，舉例來說，有些研究人員對「每一卡路里成本」方法（cost-per-calorie）提出異議，例如：Fred Kuchler and Hayden Stewart, "Price

Trends Are Similar for Fruits, Vegetables, and Snack Foods," Report ERR-55, USDA Economic Research Service; and Andrea Carlson and Elizabeth Frazao, "Are Healthy Foods Really More Expensive? It Depends on How You Measure the Price," *USDA Economic Information Bulletin* 96 (May 2012)。最能代表本章內容的研究，請見：Michael Grossman, Erdal Tekin, and Roy Wada, "Food Prices and Body Fatness Among Youths," NBER working paper, June 2013; Stephen J. Dubner, "100 Ways to Fight Obesity," Freakonomics Radio, March 27, 2013; Pablo Monsivais and Adam Drewnowski, "The Rising Cost of Low-Energy-Density Foods," *Journal of the American Dietetic Association* 107, no. 12 (December 2007); Tara Parker-Pope, "A High Price for Healthy Food," *The New York Times* (Well blog), December 5, 2007; Cynthia L. Ogden, Cheryl D. Fryar, Margaret D. Carroll, and Katherine M. Flegal, "Mean Body Weight, Height, and Body Mass Index, United States 1960-2002," *Advance Data from Vital and Health Statistics* 347 (National Center for Health Statistics, 2004); David M. Cutler, Edward L. Glaeser, and Jesse M. Shapiro, "Why Have Americans Become More Obese?" *Journal of Economic Perspectives* 17, no. 3 (Summer 2003)。

115 二〇一一年一椿交通意外，請見：Josh Tapper, "Did Chinese Laws Keep Strangers from Helping Toddler Hit by Truck," *The (Toronto) Star,* October 18, 2011; Li Wen-fang, "Hospital Offers Little Hope for Girl's Survival," *China Daily,* October 17, 2011; Michael Wines, "Bystanders' Neglect of Injured Toddler Sets Off Soul-Searching on Web Sites in China," *New York Times,* October 11, 2011. 感謝羅伯特・艾倫・葛瑞芬（Robert Alan Greevy）讓我們注意到這則故事。

117 成績換現金，請見：Steven D. Levitt, John A. List, Susanne Neckermann, and Sally Sadoff, "The Impact of Short-Term Incentives on Student Performance," University of Chicago working paper, September 2011; and Roland G. Fryer Jr., "Financial Incentives and Student Achievement: Evidence from Randomized Trials," *The Quarterly Journal of Economics* 126, no. 4 (2011)。

119 席爾迪尼的用電實驗與木化石的順手牽羊。引自作者的席爾迪尼訪談，請見：Stephen J. Dubner, "Riding the Herd Mentality," Freakonomics Radio, June 21, 2012。席爾迪尼的《影響力》（*Influence*）一書有引人入勝的觀點介紹。亦請見：Jessica M. Nolan, P. Wesley Schultz, Robert B. Cialdini, Noah J. Goldstein, and Vladas Griskevicius, "Normative Social Influence Is Underdetected," *Personality and Social Psychology Bulletin* 34, no. 913 (2008); Goldstein, Cialdini, and Steve Martin, *Yes!: 50 Secrets from the Science of Persuasion* (Free Press, 2008); Schultz, Nolan, Cialdini, Goldstein, and Griskevicius, "The Constructive, Destructive, and Reconstructive Power of Social Norms," *Psychological Science* 18, no. 5 (2007); Cialdini, Linda J. Demaine, Brad J. Sagarin, Daniel W. Barrett, Kelton Rhoads, and Patricia L. Winter, "Managing Social Norms for Persuasive Impact," *Social Influence* 1, no. 1 (2006); Cialdini, "Crafting Normative Messages to Protect the Environment," *Current Directions in Psychological Science* 12 (2003)。木化石研究尚有其他告示牌選項，其中一個是畫著公園遊客偷木頭的牌子，上頭寫著：「請不要拿走公園的木化石」。那個牌子的效果，的確比沒牌子的選項好。

124 **白潤龍的微笑列車與「一次就好」**：本節主要引自作者與白潤龍的訪談，以及白潤龍未出版的回憶錄。相關研究請見：Amee Kamdar, Steven D. Levitt, John A. List, and Chad Syverson, "Once and Done: Leveraging Behavioral Economics to Increase Charitable Contributions," University of Chicago working paper, 2013。亦請見：Stephen J. Dubner and Levitt, "Bottom-Line Philanthropy," *New York Times Magazine,* March 9, 2008；以及：James Andreoni, "Impure Altruism and Donations to Public Goods: A Theory of Warm-Glow Giving," *The Economic Journal* 100, no. 401 (June 1990)。「一次就好」故事的其他版本，請見：Uri Gneezy and List, *The Why Axis: Hidden Motives and the Undiscovered Economics of Everyday Life* (Public Affairs, 2013)。／**126** **彼得・巴菲特與「良心漂白」**，請見：Peter Buffett, "The Charitable-Industrial Complex," *New York Times,* July 26, 2013。他有另一相關訪談，主題是贏得「卵子彩券」，請見：Dubner, "Growing Up Buffett," May 13, 2011。

131 **乒乓隊**請見：Henry A. Kissinger, *On China* (Penguin, 2011); "Ping-Pong Diplomacy (April 6-17, 1971)," *AmericanExperience.com*; David A. DeVoss, "Ping-Pong Diplomacy," *Smithsonian,* April 2002; "The Ping Heard Round the World," *Time,* April 26, 1971。

133 **ZAPPOS**：本節部分依據作者與謝家華的訪談，以及造訪 Zappos 總部的經歷。亦請見：Hsieh, *Delivering Happiness: A Path to Profits, Passion, and Purpose* (Business Plus, 2010); Hsieh, "How I Did It: Zappos's CEO on Going to Extremes for Customers," *Harvard Business Review,* July 2010; Robin Wauters, "Amazon

Closes Zappos Deal, Ends Up Paying $1.2 Billion," *TechCrunch,* November 2, 2009; Hsieh, "Amazon Closing," Zappos.com, November 2, 2009; Alexandra Jacobs, "Happy Feet," *The New Yorker,* September 14, 2009. "You guys are just the best" testimonial on Zappos.com by Jodi M., February 21, 2006。

136 **墨西哥城一直有可怕的塞車問題，請見：** Lucas W. Davis, "The Effect of Driving Restrictions on Air Quality in Mexico City," *Journal of Political Economy* 116, no. 1 (2008); and Gunnar S. Eskeland and Tarhan Feyzioglu, "Rationing Can Backfire: The Day Without a Car in Mexico City," World Bank Policy Research Dept., December 1995。

137 **三氟甲烷與付錢給污染者讓他們污染：** "Phasing Out of HFC-23 Projects," *Verified Carbon Standard,* January 1, 2014; "Explosion of HFC-23 Super Greenhouse Gases Is Expected," Environmental Investigation Agency press release, June 24, 2013; EIA, "Two Billion Tonne Climate Bomb: How to Defuse the HFC-23 Problem," June 2013; "U.N. CDM Acts to Halt Flow of Millions of Suspect HFC-23 Carbon Credits"; Elisabeth Rosenthal and Andrew W. Lehren, "Profits on Carbon Credits Drive Output of a Harmful Gas," *New York Times,* August 8, 2012。

138 **「眼鏡蛇效應」請見：** Stephen J. Dubner, "The Cobra Effect," Freakonomics Radio, October 11, 2012; Horst Siebert, *Der Kobra-Effekt: Wie man Irrwege der Wirtschaftspolitik vermeidet* (Deutsche Verlags-Anstalt, 2001); Sipho Kings, "Catch 60 Rats, Win a Phone," *Mail & Guardian* (South Africa), October 26, 2012。／138 **馬克・吐溫曾經寫道……，請見：** Mark Twain, *Mark Twain's Own Autobiography: The Chapters from the North American*

Review, ed. Michael Kiskis (University of Wisconsin Press, 1990)。我們感謝傑瑞德．摩頓（Jared Morton）讓我們注意到這個引用。

145 7 所羅門王和搖滾樂手大衛．李．羅斯有什麼共通之處？

所羅門王：《聖經》部分的引用取自：*The Tanakh* (Jewish Publication Societies, 1917)。所羅門王解決母親身分爭議的故事，請見《列王紀上》三：一六開頭。我們亦引用：Rabbi Joseph Telushkin, *Biblical Literacy* (William Morrow, 1997)。這個故事有大量集注，許多《聖經》故事皆如此。現代版的優秀摘要（附有古代集注）請見：Mordecai Kornfeld, "King Solomon's Wisdom," *Rabbi Mordecai Kornfeld's Weekly Parasha-Page*; and Baruch C. Cohen, "The Brilliant Wisdom of King Solomon," *Jewish Law Commentary*, July 10, 1998。相關詮釋著重「娶寡婦制」（yibbum）帶來的誘因：「一個男人的兄弟如果死時無子，必須舉行的儀式。」非《聖經》學者亦剖析這個所羅門王故事，包括經濟學家阿維納什．K．迪克西特（Avinash K. Dixit）與拜瑞．內勒巴夫（Barry J. Nalebuff），請見：*The Art of Strategy* (Norton, 2008)。迪克西特與內勒巴夫從賽局理論看這個難題，他們的結論是第二個女人所犯的錯是同意所羅門王把孩子切成兩半。的確，爲什麼第二個女人要費這個工夫偷嬰兒，然後又以如此不在乎的態度同意讓孩子被殺？此外，第一個女人放棄孩子的擁有權時，爲什麼第二個女人不保持沈默、接受那個孩子就好？迪克西特與內勒巴夫寫道，這樣想來，所羅門「幸運程度高過賢明程度。他的策略之所以能成功，唯一的原因是第二個女人所犯的錯。」我們應該提醒讀者，經濟學家的詮釋依賴字面意義，許多《聖經》學者小心避免這樣的做法，尋求較不功利主義的解釋。

146 **大衛・李・羅斯**，請見：Jane Rocca, "What I Know About Women," *Brisbane Times,* April 7, 2013; David Lee Roth, "Brown M&Ms," online video clip on Van Halen's Vimeo channel, 2012; Scott R. Benarde, *Stars of David: Rock 'n' Roll's Jewish Stories* (Brandeis University Press, 2003); David Lee Roth, *Crazy from the Heat* (Hyperion, 1997); Mikal Gilmore, "The Endless Party," *Rolling Stone,* September 4, 1980。范・海倫樂團的部分附加條款請見：The SmokingGun.com；在此特別感謝麥克・皮登（Mike Peden）透過傑克・貝爾（Jack Belle）檔案，證實范・海倫附加條款細節。

150 **中世紀的試煉審判**，請見：Peter T. Leeson, "Ordeals," *Journal of Law and Economics* 55 (August 2012)。里森更多的研究請見："Gypsy Law," *Public Choice* 155 (June 2013); *The Invisible Hook: The Hidden Economics of Pirates* (Princeton Univ. Press, 2009); "An-*arrgh*-chy: The Law and Economics of Pirate Organization," *Journal of Political Economy* 115, no. 6 (2007); and "Trading with Bandits," *Journal of Law and Economics* 50 (May 2007)。我們感謝里森提供原稿建議。

154 **員工流動率的高成本**，請見：Mercer and the National Retail Federation, "U.S. Retail Compensation and Benefits Survey," October 2013; Jordan Melnick, "Hiring's New Frontier," QSRmagazine.com, September 2012;

and Melnick, "More Than Minimum Wage," QSRmagazine.com, November 2011。

155 **擁有四年制學歷的工作者，薪資大約高七五%**，請見："Education at a Glance 2013: OECD Indicators" (OECD, 2013)。

156 **ZAPPOS與「那個提議」**，請見：Stephen J. Dubner, "The Upside of Quitting," September 30, 2011；史黛希・范內克史密斯（Stacey Vanek-Smith）訪談謝家華及其他 Zappos 員工。感謝多位 Zappos 員工接受追蹤訪談。／156 **更換一名員工平均大約得花四千美元**，請見：Arindrajit Dube, Eric Freeman, and Michael Reich, "Employee Replacement Costs," U.C.-Berkeley working paper, 2010。／156 **一次糟糕的僱用會造成……的損失**，引自 Harris Interactive 的 CareerBuilder 調查。

157 **祕密子彈工廠與溫啤酒警報**：主要依據作者的實地造訪，以及後續與耶胡帝・亞隆（Yehudit Ayalon）的通訊。亦請見 Eli Sa'adi, *The Ayalon Institute: Kibbutzim Hill-Rehovot*，那是一本現場提供的小冊子。

159 **爲什麼奈及利亞的詐騙者說自己來自奈及利亞？**本節引自作者與赫利的訪談，以及赫利引人入勝的論文："Why Do Nigerian Scammers Say They Are from Nigeria?," Workshop on Economics of Information Security, Berlin, June 2012。感謝麥莫德（Nathan Myhrvold）讓我們注意到赫利的論文。／159 **親愛的先生／女士，下列是最高機密**：這封信混合了多封電子詐騙郵件，目錄請見反詐騙社群「419eater.com」。我們的信大幅引自「419eater.com」一封信，標題是「修道院女學生在非洲失蹤」（A Convent Schoolgirl Goes Missing in Africa）。／161 **難以得出確切數字**。整體詐騙數字請見：Ross Ander-

son, et al., "Measuring the Cost of Cybercrime," paper presented at the Workshop on the Economics of Information Security, Berlin, Germany, June 26, 2012；亦請見 Internet Crime Complaint Center, "2012 Internet Crime Report," 2013。／**161 一位加州受害者被騙五百萬美元**，請見：Onell R. Soto, "Fight to Get Money Back a Loss," *San Diego Union-Tribune*, August 14, 2004。／**162 竊盜警示中，大約九五%都是假警報**，請見：Stephen J. Dubner, "The Hidden Cost of False Alarms," Freakonomics Radio, April 5, 2012; Rana Sampson, *Problem-Oriented Guides for Police: False Burglar Alarms*, 2nd ed., 2011；亦請見：Erwin A. Blackstone, Andrew J. Buck, Simon Hakim, "Evaluation of Alternative Policies to Combat False Emergency Calls," *Evaluation and Program Planning* 28 (2005)。／**162 癌症篩選的偽陽性**：National Cancer Institute, "Prostate, Lung, Colorectal, and Ovarian (PLCO) Cancer Screening Trial"; Virginia A. Moyer, on behalf of the U.S. Preventive Services Task Force, "Screening for Ovarian Cancer: U.S. Preventive Services Task Force Reaffirmation Recommendation Statement," *Annals of Internal Medicine* 157, no. 12 (December 18, 2012); Denise Grady, "Ovarian Cancer Screenings Are Not Effective, Panel Says," *New York Times,* September 10, 2012; J. M. Croswell, B. S. Kramer, A. R. Kreimer, et al., "Cumulative Incidence of False-Positive Results in Repeated, Multimodal Cancer Screening," *Annals of Family Medicine* 7 (2009)。／**163 造成數百萬台ＰＣ無止境重開機**，請見：Declan McCullagh, "Buggy McAfee Update Whacks Windows XP PCs," CNET, April 21, 2010; Gregg Keizer, "Flawed McAfee Update Paralyzes Corporate PCs," *Computerworld,* April 21, 2010；以及 "McAfee delivers a false-positive detection of the W32/wecorl.a virus when version 5958 of the DAT file is used," Microsoft online support。更多資訊，請見赫利的論文。／**164**「**心理治療的聊天機器人**」，請見：http://nlp-addiction.com/eliza/。

166 **爲什麼恐怖分子「不該」買壽險**，請見：Steven D. Levitt, "Identifying Terrorists Using Banking Data," *The B.E. Journal of Economic Analysis & Policy* 12, no. 3 (November 2012); Levitt and Stephen J. Dubner, *SuperFreakonomics,* Chapter 2, "Why Should Suicide Bombers Buy Life Insurance?" (William Morrow, 2009)；亦請見：Dubner, "Freakonomics: What Went Right?," Freakonomics.com, March 20, 2012。／**167**「**我不確定爲什麼我們要告訴恐怖分子這個祕密**」，請見：Sean O'Grady, "SuperFreakonomics," *The Independent on Sunday*, October 18, 2009。／**168** **鼓勵有罪之人**：「**這些人埋伏，是爲自流己血。**」請見：Proverbs 1:18, *New International Version*。

8 如何說服不想被說服的人？

169 **首先，你要了解說服人是多困難的一件事**：本節大量引自「文化認知計劃」的研究結果，以及作者與丹．卡哈(Dan Kahan)、艾倫．彼德斯(Ellen Peters)的訪談。請見：Stephen J. Dubner, "The Truth Is Out There . . . Isn't It?," Freakonomics Radio, November 30, 2011。「文化認知計劃」網站是取得相關研究非常好的資源，氣候變遷主題請見：Kahan, Peters, Maggie Wittlin, Paul Slovic, Lisa Larrimore Ouellette, Donald Braman, and Gregory Mandel, "The Polarizing Impact of Science Literacy and Numeracy on

Perceived Climate Change Risks, *Nature Climate Change* 2 (2012)。該論文稍早的版本，請見：Kahan et al., "The Tragedy of the Risk-Perception Commons: Culture Conflict, Rationality Conflict, and Climate Change," Cultural Cognition Project working paper no. 89。更多相關論文使用的數學與科學知識題目，亦可參見：Joshua A. Weller et al., "Development and Testing of an Abbreviated Numeracy Scale: A Rasch Analysis Approach," *Journal of Behavioral Decision Making* 26 (2012)。／170 **絕大多數的氣候科學家認爲這個世界正在愈變愈熱**，可參見：Chris D. Thomas et al., "Extinction Risk from Climate Change," *Nature* 427 (January 2004); Camille Parmesan and Gary Yohe, "A Globally Coherent Fingerprint of Climate Change Impacts Across Natural Systems," *Nature* 421 (January 2003); Gian-Reto Walther et al., "Ecological Responses to Recent Climate Change," *Nature* 416 (March 2002)；以及 Peter M. Cox et al., "Acceleration of Global Warming Due to Carbon-Cycle Feedbacks in a Coupled Climate Model," *Nature* 408 (November 2000)。／170 **然而，美國大衆遠遠沒那麼關切這件事**，請見：John Cook et al., "Quantifying the Consensus on Anthropogenic Global Warming in the Scientific Literature," *Environmental Research Letters* 8, no. 2 (May 2013)。／170 **皮尤調查與民衆對於美國科學家的態度**，請見：Pew Research Center for the People & the Press, "Public Praises Science; Scientists Fault Public, Media" (2009, Pew Research Center)。／172 **舉例來說，恐怖分子的教育程度，一般比他們的非恐怖分子同胞同胞高出許多**，請見：Alan B. Krueger, *What Makes a Terrorist* (Princeton University Press, 2007); Claude Berrebi, "Evidence About the Link Between Education, Poverty and Terrorism Among Palestinians," Princeton University Industrial Relations Section working paper, 2003; and Krueger and Jita Maleckova, "Education, Poverty and Terrorism: Is There a Causal Connection?" *Journal of Economic Perspectives* 17, no. 4 (Fall 2003)。／174 **試著讓男廁保持乾淨？**請見：Richard H. Thaler and Cass R. Sunstein, *Nudge* (Yale University Press, 2008)。／174 **「我們也看不到我們的視而不見」**，請見：Daniel Kahneman, *Thinking, Fast and Slow* (2011, Farrar, Straus and Giroux)。／174 **「跳下飛機還比較容易」**：Kareem Abdul-Jabbar, "20 Things Boys Can Do to Become Men," Esquire.com, October 2013。

175 **這場宣傳讓多少年輕人不再濫用藥物？**請見：Robert Hornik, Lela Jacobsohn, Robert Orwin, Andrea Piesse, Graham Kalton, "Effects of the National Youth Anti-Drug Media Campaign on Youths," *American Journal of Public Health* 98, no. 12 (December 2008)。

175 **自動駕駛汽車**：關於無人駕駛汽車的未來，眾多人士提供我們資料，我們特別感謝拉吉．拉吉庫瑪（Raj Rajkumar）與他的卡內基美隆大學（Carnegie Mellon）同仁，讓我們搭乘無人駕駛汽車，並且回答每一個問題。／176 **Google 已經駕駛自己的自動車隊**，請見：Angela Greiling Keane, "Google's Self-Driving Cars Get Boost from U.S. Agency," Bloomberg.com, May 30, 2013; "The Self-Driving Car Logs More Miles on New Wheels," Google official blog, August 7, 2012。我們的內容包括二〇一三年十月 Google 發言人提到的里程更新數字。／176 **九成的原因都是駕駛出錯**：根據鮑伯．喬普．古斯（Bob Joop Goos），國際道路意外防治組織(International Organization for Road Accident Prevention)主席：

亦請見：National Highway Traffic Safety Administration (NHTSA) 統計數字。／**176全球車禍死亡**：本節的統計數字大多引自世界衛生組織（WHO）與美國國家公路交通安全管理局（NHTSA）報告。／**176在美國許多城市，三〇％至四〇％的鬧區面積都用於停車**，請見：Stephen J. Dubner, "Parking Is Hell," Freakonomics Radio, March 13, 2013; Donald Shoup, *The High Cost of Free Parking* (American Planning Association, 2011); Eran Ben-Joseph, *ReThinking a Lot: The Design and Culture of Parking* (Massachusetts Institute of Technology, 2012); Catherine Miller, *Carscape: A Parking Handbook* (Washington Street Press, 1988); John A. Jakle and Keith A. Sculle, *Lots of Parking: Land Use in a Car Culture* (University of Virginia, 2004)。／**177近三%的美國勞動力……靠開車爲生**，引自勞工統計局（Bureau of Labor Statistics）二〇一二年五月報告。最大單一項目爲重型卡車暨貨櫃車，人數超過一百五十萬。／**179在富裕國家，車禍常是孩童名列前茅的死因**。依據世界衛生組織資料：低度開發國家的車禍死亡率較低，許多孩童死於肺炎與腹瀉等問題。／**180在這段飛機零死亡率的期間，卻有超過十四萬名美國人死於車禍**，請見：Stephen J. Dubner, "One Thought About the Two Deaths in Asiana Airlines Flight 214," Freakonomics.com, July 8, 2013。腳注提到的汽車與飛機里程相異處，依據爲聯邦公路管理局（Federal Highway Administration）（車輛數據）與運輸統計局（Bureau of Transportation Statistics）（飛機數據）的統計數字。

180我們是否已經提過，如果想說服不想被說服的人，罵人是很糟糕的點子？：現代最卓然有成的罵人專家爲《紐約時報》評論專欄作家克魯曼（Paul Krugman）。他是政治自由派，在只不過三週的專欄，稱保守派爲「心胸狹窄的階級戰士」，他們「每一件事都是錯的」，「根本不知道自己在做什麼」，「從傻瓜黨過渡到瘋子黨」。/**180負面資訊會「讓大腦負荷較重」**，請見：Tiffany A. Ito, Jeff T. Larsen, N. Kyle Smith, and John T. Cacioppi, "Negative Information Weighs More Heavily on the Brain: The Negativity Bias in Evaluative Categorizations," *Journal of Personality and Social Psychology* 75, no. 4 (1998)。/**181「壞比好強烈」**，請見：Roy F. Baumeister, Ellen Bratslavsky, Catrin Finkenauer, Kathleen D. Vohs, "Bad Is Stronger Than Good," *Review of General Psychology* 5, no. 4 (2001)。Vohs關於此一主題的更多資訊，請見：Stephen J. Dubner, "Legacy of a Jerk," Freakonomics Radio, July 19, 2012。/**181負面事件……會在我們的記憶裡留下特別大的印象**：如同已過世的偉大歷史學家巴巴拉・塔克曼（Barbara Tuchman）在《遙遠的鏡子：多災多難的十四世紀》（*A Distant Mirror: The Calamitous 14th Century*）寫道：「災難鮮少如同記載中的如此無所不在。由於災難被記錄下來，顯得持續不斷、到處都有。然而，更可能的情形是，不論以時間或空間來論，災難爲零星發生。此外，常態的持續通常比騷亂效應強大，我們從自己的時代就可得知這點。關注今日的新聞後，一個人會預期世界完全充滿罷工、犯罪、停電、自然水管線破裂、火車誤點、學校關門、行兇搶劫、藥物成癮、新納粹與強暴犯等。事實上，一個人在晚上回家，幸運的話，並不會碰到超過一或兩個前述現象。這讓我得出『塔克曼定律』（Tuchman's Law）：『報導會使任何不幸的程度，明顯多五至十倍』（或是任何讀者會填上的數字）。」／**181 德國學校教師的研究**，請見：Thomas Unterbrink et al., "Parameters Influencing Health Variables in a Sample of 949 German Teachers," *International Archives of Occupational and Environmental Health,* May 2008。

183 如果肥胖（fat）是件不好的事，那麼攝取脂肪（fat）也一定不好。這方面有許多資料，可參見：Robert H. Lustig, *Fat Chance: Beating the Odds Against Sugar, Processed Food, Obesity, and Disease* (Hudson Street Press, 2012)；亦可參見「營養科學計劃」（Nutrition Science Initiative）彼得・阿提亞（Peter Attia）醫師的研究：Stephen J. Dubner, "100 Ways to Fight Obesity," Freakonomics Radio, March 27, 2013。

184 《道德缺失百科全書》：作者與艾普史坦和傑夫・格林（Jeff Green）的訪談，見：Stephen J. Dubner, "Government Employees Gone Wild," Freakonomics Radio, July 18, 2013。參見：*Encyclopedia of Ethical Failure*, Dept. of Defense, Office of General Counsel, Standards of Conduct Office (July 2012); *Encyclopedia of Ethical Failure: 2013 Updates*, same publisher; and Jonathan Karp, "At the Pentagon, an 'Encyclopedia of Ethical Failure,'" *Wall Street Journal,* May 14, 2007。

185 十誡：本書的十誡版本引自猶太出版協會（Jewish Publication Society）一九一七年的《塔納赫》（*Tanakh*）英文翻譯，並以 Joseph Telushkin, *Jewish Literacy* (William Morrow, 1991) 提到的版本輔助。歷史上不同的宗教團體有各式各樣的十誡版本，原因出在翻譯、詮釋與長度上的差異。另一個原因則是十誡在《摩西五經》（*Torah*）中出現兩次，一次在《出埃及記》，一次在《申命記》。

此外，應該注意的是十誡一開始其實不是戒律，而是布告，也因此這十點在希伯來文稱爲*Aseret ha-Dibrot*，也就是「十大聲明」（Ten Statements），而不是「十大戒律」（*Aseret ha-Mitzvo*）。／187 **十誡**vs.**大麥克**vs.**《脫線家族》**，引自論文：Kelton Research, "Motive Marketing: Ten Commandments Survey" (September 2007)；以及Reuters Wire, "Americans Know Big Macs Better Than Ten Commandments," Reuters.com, October 12, 2007。

187 **再想想另一個《聖經》故事**。請見《撒母耳記下》第十二章，感謝羅森（Jonathan Rosen）讓我們注意到這個故事可以完美解釋我們的論點。這個故事的部分敘述字詞來自他，我們無法說得更好。

188 **契訶夫以及故事的插入點**：我們要感謝很久以前的寫作講座，授課者是偉大的理查·洛克（Richard Locke）。

9 放棄的好處

189 **邱吉爾以及「永遠不放棄」**，逐字稿由邱吉爾中心（Churchill Centre）提供，網址：www.winston-churchill.org。

190 **「放棄的人永遠不會勝利，勝利的人永遠不會放棄。」**：一九三七年時，勵志自助大師拿破崙·希爾（Napoleon Hill）在大受歡迎的《思考致富》（*Think and Grow Rich*）引用這句話。希爾部分受到白手起家的工業家安德魯・卡內基（Andrew Carnegie）啓發。近日，這句話常被歸給文斯・隆巴迪（Vince Lombardi），他是美式足球的傳奇嚴格教練。更多本章討論的概念，參見：Stephen J. Dubner, "The Upside of Quitting," Freakonomics Radio, September 30, 2011，裡頭提供數個放棄的故事。

191 **「協和謬誤」**請見：Richard Dawkins and H. Jane Brockmann, "Do Digger Wasps Commit the Concorde Fallacy?," *Animal Behavior* 28, 3 (1980); Dawkins and T. R. Carlisle, "Parental Investment, Mate Desertion and a Fallacy," *Nature* 262, no. 131 (July 8, 1976)。

191 **機會成本概念**，請見一篇美好又深入的論文：Frédéric Bastiat, "What Is Seen and What Is Not Seen," *Selected Essays on Political Economy,* first published 1848; published 1995 by The Foundation for Economic Education, Inc。

192 **彭博與失敗**，請見：James Bennet, "The Bloomberg Way," *The Atlantic,* November 2012。

193 **高智發明與「自我殺菌表層」**：依據作者與狄安及其他高智發明科學家的訪談。亦請見：Katie Miller, "Q&A: Five Good Questions," Intellectual Ventures Lab blog, August 9, 2012; Nathan Myhrvold, TEDMED 2010; and Nick Vu, "Self-Sterilizing Surfaces," Intellectual Ventures Lab blog, November 18, 2010。「自我殺菌表層」的基礎專利號碼爲編號 8,029,727、8,029,740、8,114,346 和 8,343,434。

196 **「挑戰者號」爆炸**，請見：Allan J. McDonald and James R. Hansen, *Truth, Lies, and O-Rings: Inside the*

Space Shuttle Challenger Disaster (University Press of Florida, 2009)；亦可參見：Joe Atkinson, "Engineer Who Opposed Challenger Launch Offers Personal Look at Tragedy," *Researcher News (NASA)*, October 5, 2012; and "Report of the Presidential Commission on the Space Shuttle Challenger Accident," June 6, 1986。

198 **「事前驗屍法」**請見：Gary Klein, "Performing a Project Premortem," *Harvard Business Review*, September 2007; Beth Veinott, Klein, and Sterling Wiggins, "Evaluating the Effectiveness of the PreMortem Technique on Plan Confidence," Proceedings of the 7th International ISCRAM Conference (May, 2010); Deborah J. Mitchell, J. Edward Russo, Nancy Pennington, "Back to the Future: Temporal Perspective in the Explanation of Events," *Journal of Behavioral Decision Making* 2, no. 1 (1989)。感謝康納曼，讓我們注意到這個概念。

198 **卡斯登．沃許與不放棄的代價**，請見：Carsten Wrosch, Gregory E. Miller, Michael F. Scheier, Stephanie Brun de Pontet, "Giving Up on Unattainable Goals: Benefits for Health?," *Personality and Social Psychology Bulletin* 33, no. 2 (February 2007)。更完整的討論請見：Stephen J. Dubner, "The Upside of Quitting," Freakonomics Radio, June 30, 2011。

199 **「蘋果橘子擲硬幣實驗」**：在我們寫作的當下，FreakonomicsExperiments.com 網站依舊有效，仍可替你擲硬幣，不過長期追蹤研究已經告一段落。李維特對這個主題更完整的討論，請見：Stephen J. Dubner, "Would You Let a Coin Toss Decide Your Future?" Freakonomics Radio, January 31, 2013。我們收到最令人心碎的問題大概是這一個：「我是否該留下兒子讓他和我太太在一起，直到她因癌症去世（她大約還有八個月性命），以便讓我能去非洲工作養家。也或者我該拒絕非洲的工作，留在美國，在走向破產的同時待在兒子身邊？」

206 **《執法先鋒》與編劇罷工**，請見：Associated Press, "Strike May Test Reality TV's Staying Power," November 27, 2007。

209 **邱吉爾是「所有英國戰爭領袖中，最偉大的一個人。」**參見：John Keegan, "Winston Churchill," *Time*, June 24, 2001。感謝羅森（Jonathan Rosen）和我們討論這個主題，也感謝李根及邱吉爾學者巴里・辛爾（Barry Singer）不斷指引這個主題。

如果這些注釋未能回答您的問題，或是您想分享其他資訊，請隨時寫信給我們：*ThinkLikeA-Freak@Freakonomics.com*。

國家圖書館出版品預行編目(CIP)資料

蘋果橘子思考術：隱藏在熱狗大賽、生吞細菌與奈及利亞詐騙信中的驚人智慧 / 李維特（Steven D. Levitt），杜伯納（Stephen J. Dubner）作；許恬寧譯.
-- 初版. -- 臺北市：大塊文化, 2014.08
256面；14.8x21公分. -- (from；103)
譯自：Think like a freak : the authors of Freakonomics offer to retrain your brain
ISBN 978-986-213-542-6(平裝)

1.思考 2.認知心理學

176.4　　103013803

LOCUS

LOCUS

LOCUS

LOCUS